Heilsame Fantasien

Trancegeschichten

Heilsame Fantasien

Trancegeschichten

© 2010 - I. M. Simon

ISBN: 978-3-8391-0899-4
Herstellung und Verlag:
Books on Demand GmbH, Norderstedt
Alle Rechte liegen beim Autor

Wichtiger Hinweis

Die Inhalte dieses Buches beruhen auf den praktischen Erfahrungen des Autors mit Hypnoseanwendungen und Psychotherapie im Zustand der Trance. Obwohl sich der Autor um größtmögliche Sorgfalt bemüht hat, können Fehler oder Missverständnisse in der Darstellung nicht vollkommen ausgeschlossen werden. Die Texte dieses Buches oder Teile davon können in therapeutische Sitzungen eingebaut werden oder zur Unterstützung therapeutischer Prozesse benutzt werden. Das Buch ersetzt auf keinen Fall die sorgfältige Arbeit eines Arztes oder Heilpraktikers, kann also nicht stellvertretend oder ersatzweise für die Behandlung durch einen Therapeuten verstanden werden. Die therapeutische Arbeit mit Menschen sowie die Anwendung der Hypnose obliegen ausschließlich der Verantwortung des Therapeuten. Es kann nicht ausgeschlossen werden, dass Teile dieses Buches falsch verstanden werden oder der Einsatz der Texte des Buches eine ungewünschte Reaktion beim Klienten bewirken kann. Eine Mitverantwortung des Autors besteht auch dann nicht, wenn unter Hinweis auf die Ausführungen dieses Buches mit einem Klienten gearbeitet wird.

Inhaltsverzeichnis

Vorbemerkungen

Heilsame Geschichten?
Die Arbeit mit Trancegeschichten ist älter als die Hypnosetherapie. Märchen haben eine besondere Bedeutung, die in allen Kulturen der Welt weitgehend gleich ist. Sie werden erzählt, um Angst zu vertreiben, um Ruhe zu finden und um den Kindern etwas Lehrreiches mit auf den Weg zu geben. Verpackt in eine Geschichte soll auf Gefahren aufmerksam gemacht werden, sollen Moral und Tugend aufgebaut und gefördert werden und nicht zuletzt sollen böse Geister vertrieben werden. Im Grunde genommen geht es in Märchen immer um etwas Heilsames.
Viele Trancetherapeuten wehren sich sicherlich bei der Behauptung, dass eine Trancereise ein Märchen sei. Das hat wahrscheinlich damit zu tun, dass der Trancereise oder den Trancegeschichten eine therapeutische Absicht anhaftet, was bei den Kindermärchen nicht der Fall ist. Dennoch wirkt das gleiche Prinzip. Unsere Vorstellungskraft wird gefordert. Wir versetzen uns beim Anhören immer in das Märchen oder eben in die Trancegeschichte hinein. Dabei spielt es keine Rolle, ob wir die Geschichte interessant oder albern finden. Wir gehen automatisch in die verschiedenen Figuren und Rollen hinein und

machen uns ein Bild davon, was wir wohl selbst tun würden in der einen oder anderen Situation. Märchen beinhalten meistens Elemente, die nicht realistisch sind: Zauberei, Magie oder Wesen, die uns im Alltag nicht begegnen, spielen hier oft eine Rolle. Gleichzeitig ist der Kern der Geschichte doch immer sehr realistisch und gibt Anknüpfungspunkte zu unserem Leben. Die vermittelte Botschaft ist meistens eine Aufforderung, sich gut und ehrbar zu verhalten. Darauf verzichtet Therapie natürlich. Es geht ja nicht darum, einen moralisch guten Menschen zu erziehen, sondern Symptome zu lindern. Es ist jedoch das gleiche Prinzip. Trancegeschichten können Elemente oder Abläufe enthalten, die zauberhaft oder märchenhaft sind. In meinem Buch *Wellen am Horizont* gibt es beispielsweise eine Geschichte, bei der es um einen Freiheitsflug geht. In der Trancegeschichte geht das einfach, indem wir die Arme ausbreiten und fliegen. In der Fantasie ist das kein Problem. Wer hat nicht diese Fantasien, fliegen zu können, zaubern zu können?

Gleichzeitig geht es aber auch um ganz reale Probleme oder im Falle der Behandlung von Krankheiten auch um Symptome. Das Problem des Klienten wird in eine Geschichte verpackt, die ein symbolisches Spiegelbild der Thematik ist. Das wird intuitiv verstanden, so wie wir Metaphern und Vergleiche sehr leicht verstehen. Der Klient, der sich eine Trancegeschichte anhört, geht in die verschiedenen Rollen und wechselt dabei mehrfach die Perspektive. Von verschiedenen Seiten kann er so sein Problem betrachten. Im Verlauf der Trancegeschichte kann er außerdem Lösungswege ausprobieren, die natürlich oft Symbole für das spätere Handeln sind. Dass sich Handlungen, Symptomlinderungen und auch Heilungen daraus ergeben oder diese zumindest von den Trancegeschichten unterstützt werden, zeigt die Erfahrung der Therapeuten und der Märchenerzähler. Die frohe Botschaft besteht darin, dass Trancegeschichten immer zum Denken und Fühlen anregen, dass sie praktisch keinen Schaden anrichten können und leicht verfügbar sind. Mit etwas Fantasie können wir uns täglich neue Trancereisen ausdenken und sie unseren Klienten in der Beratung oder in der Therapie anbieten.

Sind Trancegeschichten immer ungefährlich?
Ich werde häufig auf meine Trancegeschichten angesprochen. In meinen Ausbildungsgruppen und von meinen Klienten höre ich immer wieder, dass die Geschichten sehr berührend sein können. Das gilt natürlich vor allem für das Zuhören. Wer die Geschichten für sich selbst lesen möchte, sollte sie sich auf Tonband sprechen und

dann anhören. Das wirkt besser als das einfache Lesen. Ich werde dann sehr oft gefragt, worauf den zu achten sei beim Formulieren einer Trancegeschichte, um Schäden beim Klienten zu vermeiden.

Natürlich gibt es gute und weniger gute Trancereisen. Wenn es gelingt, die Trancegeschichten dieses Buches ein bisschen auf den jeweiligen Klienten anzupassen, werden sie zu ganz individuellen Märchen. Ich fordere alle Kursteilnehmer und natürlich auch alle Leserinnen und Leser dazu auf, gerade das zu tun. Nehmen Sie die Geschichten als Beispiele oder als Grundgerüst und verändern Sie hier und da etwas. Sorgen Sie sich nicht. Sie schaden ihrem Klienten nicht mit einer Geschichte. Doch ich kenne schon das nächste Argument. Was helfen kann, kann auch schaden. Wer hilft, verändert ja etwas. Also kann auch eine negative Veränderung eintreten.

Ich bleibe stur. Trancegeschichten sind keine Tricksuggestionen, die den Klienten manipulieren sollen. Sicherlich haben Sie schon einmal darüber nachgedacht, was Sie tun würden, wenn Sie eine Million Euro im Lotto gewinnen oder erben würden. Sie haben sich ihre eigene Trancegeschichte von einer unbeschwerten und schönen Zukunft gebaut. Vielleicht haben Sie ja auch mit jemandem darüber gesprochen, mit Ihrem Partner vielleicht. Und dann haben Sie sich gemeinsam überlegt, was Sie wohl am ehesten tun würden mit dem vielen Geld. Welche Wünsche Sie sich erfüllen könnten. Möglicherweise haben Sie auch darüber nachgedacht, wer neidisch sein könnte und vor wem der Geldsegen lieber verheimlicht werden sollte. Vorteile und Nachteile, Sicherheit und Gefahren waren in Ihrer Fantasiegeschichte enthalten. Haben Sie Schaden davon getragen? Geholfen hat Ihnen diese Fantasie vielleicht auch nicht viel. Vielleicht hatten Sie aber eine schöne Unterhaltung und ein gutes Gefühl dabei. Waren Sie hinterher wirklich traurig, dass Sie das Geld nicht in den Händen hatten? Zumindest nicht trauriger als vor Ihrer Fantasiereise. Wenn sie aber doch schädlich war, treibe ich Sie gerade in eine erneute Traumatisierung, ohne es zu wollen. Spaß beiseite. Fantasien schaden nicht!

Wie können die Geschichten eingesetzt werden?
Jede Geschichte beginnt mit einem kleinen Einleitungsteil, den ich kursiv und in Klammern dem eigentlichen Trancetext vorangestellt habe. Wenn Sie eine Fantasiereise zur Entspannung vorlesen oder um einen Menschen das betreffende Thema betrachten zu lassen, ohne vorher mit ihm therapeutisch gearbeitet zu haben, sollten Sie diese Einleitung vorlesen. Jeder Tagtraum dieses Buches, auch so kann eine Trancegeschich-

te genannt werden, dauert ca. zehn bis fünfzehn Minuten, je nach Lesetempo. Ich habe das ganz gezielt so gewählt, damit die Trancereisen auch in therapeutische oder Beratungssitzungen eingebaut werden können. Dort eignen sie sich zum Abschluss oder als integrierter Teil einer Sitzung, die bei den meisten Therapeuten fünfundvierzig bis neunzig Minuten dauert.

Im Text habe ich Lücken gelassen, die ich mit Pünktchen ausgefüllt habe ... ... Diese sollen den Lesefluss verlangsamen. Es ist wichtig, nicht zu schnell zu lesen, um dem Zuhörer und seinem Unterbewusstsein die Gelegenheit zu geben, das Gehörte nachzuempfinden und eine bildhafte Vorstellung dazu zu entwickeln. Lassen Sie etwas ruhige Instrumentalmusik im Hintergrund laufen. Das erleichtert die Entspannung und erhöht die Wirkung der Trancegeschichten.

Ich verzichte auf eine theoretische Erklärung der Wirkungsweise von Trancegeschichten und darüber, welche Wörter man benutzen oder lieber weglassen sollte, wenn man solche Geschichten schreibt oder frei formuliert. Probieren Sie die Tagträumereien einfach einmal aus und versuchen Sie doch einmal nach einiger Zeit, selbst eine Fantasiereise zu schreiben. Sie werden sehen, dass es vor allem auf die liebevolle und zärtliche Grundhaltung beim Formulieren und beim Lesen oder Sprechen ankommt, auf Respekt und ehrliche Akzeptanz. Das ist dann schon mehr als genug, um eine gute und auch therapeutische Wirkung zu erzielen.

Während sich mein Buch *Wellen am Horizont* vor allem mit emotionalen Themen befasst, habe ich in diesem Buch auf Wunsch vieler Kunden und Lehrgangsteilnehmer auch körperliche Themen aufgenommen. Es versteht sich von selbst, dass eine Behandlung durch einen Arzt oder Heilpraktiker nicht durch Trancereisen ersetzt werden kann. Sie können aber helfen, die inneren Kräfte zu mobilisieren, um Veränderungs- oder Heilungsprozesse zu unterstützen. Die Trancegeschichten können also von Therapeuten oder von Lebensberatern benutzt werden und in die Sitzungen mit Klienten eingebaut werden. Natürlich kann auch jeder Leihe die Geschichten vorlesen und damit helfen. Lassen Sie einfach etwas ruhige Instrumentalmusik laufen und lesen Sie langsam und etwas leiser als Sie normalerweise sprechen. Probieren Sie es aus und sehen Sie selbst, wie einfach das ist.

Und nun wünsche ich Ihnen viel Spaß mit den Fantasiereisen und angenehme Tagträume!

Neurodermitis

[Man sagt, die Haut sei der Spiegel der Seele. Möglicherweise stimmt es. Vielleicht kommen an der Oberfläche unserer Haut die Belastungen aus der Tiefe unserer Seele zum Ausdruck. Wir können ja nicht in die Seele hineinschauen. Wir können nur erahnen oder vielleicht spüren, was in Ihr vorgeht. Du weißt, dass sich auch in Deinem Innern viel ereignet. Manches davon kannst Du spüren und anderes wieder nicht. Doch wenn Du deine Haut betrachtest und fühlst, wie sie sich anfühlt, dann weißt Du, dass etwas nach außen dringt. Etwas, das gesehen werden will. Und vielleicht fragst Du Dich ja, was es ist. Möglicherweise weißt Du es auch. Und doch hast Du diese oft juckende oder brennende Haut. Du willst etwas verändern.]

Du kommst also zur Ruhe und versuchst Dich zu entspannen … … Du atmest ein und aus und kommst zur Ruhe … … Du begibst Dich auf eine Reise in deiner Fantasie … … Raum und Zeit sind nur eine Illusion der Gedanken … … Du kannst sein, wo immer Du willst … … Du gehst also direkt in die Natur … … jetzt sofort … … Du

atmest tief ein und aus … … und noch einmal …
… tief ein und aus … … und Du stehst vor einem
Berg aus Schnee und Eis … … hoch oben im Gebirge bist Du … … Du atmest ein und aus … …
und mit Dir atmet hier oben die Natur … … ein
und aus … … und ein und aus … … weit weg
von allem, was Dich belasten könnte … … Du
siehst den Gipfel des Berges vor Dir … … mit
Schnee und Eis bedeckt … … mit Schnee und Eis
… … Der Wind ist kühl … … ganz kühl und angenehm … … Er weht über Deine Haut und
kühlt Deine Haut … … Das fühlt sich gut an und
angenehm … … gut und angenehm … …

… … Du zählst ganz langsam rückwärts, um
Dich besser zu entspannen … … und mit jeder
Zahl gehst Du ein Stück tiefer in die Gedanken
des Berges hinein, auf dem Du stehst … … Du
verbindest Dich mit der Natur … … mit jeder
Zahl ein Stück tiefer … … Zehn … … Der kühle
Wind tut gut … … Neun … … Du stehst hoch
oben auf dem Berg … … Acht … … Alles ist mit
Schnee bedeckt … … Sieben … … Du spürst Dei-
ne Füße auf dem Boden stehen … … Sechs … …
Deine Füße verbinden sich fest mit dem Boden
… … Fünf … … Du spürst den kalten Wind … …
Vier … … Er weht über Deine Haut und kühlt sie
… … Drei … … Es wird ruhiger und ruhiger in

Dir … … Zwei … … Du verbindest Dich mit der Natur … … Eins … …

… … Du betrachtest die Natur hier oben … … so fern vom Alltag und Du wirst zu einem Teil dieser Natur … … Unterhalb des mit Schnee bedeckten Gipfels ist der Berg kahl und steinig … … Überall liegen kleine Steine und überall siehst Du Geröll und Sand … … und unter der Schicht aus Geröll und Sand … … unter dieser Kruste, die den Berg bedeckt, siehst Du die wunderschöne Farbe des Berges … … ein sanftes Blaugrau … … doch alles ist bedeckt von Sand und Gestein … … von Geröll, das wie Abfall oder Schutt auf der Oberfläche der Erde liegt … … hier oben im Berg … … Vielleicht hast Du noch nie darüber nachgedacht, dass die Berge so weit oben eigentlich aus glattem Gestein bestehen … … Und vielleicht fragst Du Dich ja, warum all dieses Geröll und Gestein hier herumliegt … … Woher kommen all diese Ablagerungen wohl? … … Du siehst Dir den Gipfel des Berges an … … das Ziel aller Wanderer und Bergsteiger … … Der kalte Schnee und das kalte, angenehme Eis bedecken ihn … … Der Wind weht vom Gipfel herab und trägt diese Kälte des Schnees zu Dir … … Deine Haut wird von diesem kühlen Wind bedeckt … … So kalt ist der Wind, dass fast schon ein Gefühl der Taubheit Deine Haut erfasst ... ... So fühlt es sich dann auch gleich schon viel angenehmer an ... ... so als wäre Deine Haut ganz glatt und geschmeidig ... ... ganz glatt und geschmeidig ... ... Wenn Du noch mehr Kühlung willst, kannst Du Dir den Schnee direkt auf die Haut reiben und diese angenehme Kühle spüren ... ...

... ... Du schaust nach unten und siehst die Wolken ... ... So hoch oben bist Du in den Bergen, dass Du unter Dir nur Wolken sehen kannst ... ... über Dir ist der schneebedeckte Gipfel ... ... und unterhalb des Gipfels ist dieser kahle mit Geröll bedeckte Berg ... ... Seine schöne Farbe ist verdeckt von den Ablagerungen ... ... so als wollte sich der Berg dahinter verstecken ... ... Du setzt Dich hin und machst es Dir immer bequemer ... ... Du hörst auf den Wind, der Dir eine Geschichte erzählt ... ... Er erzählt Dir die Geschichte des Berges ... ... Leise säuselt der Wind Dir ins Ohr ... ... Und er beginnt zu erzählen ... ...

... ... Es gab eine Zeit als der Berg noch ganz jung war ... ... gerade erst erschaffen von der Natur ... ... frisch geboren sozusagen ... ... Da war er wunderschön ... ... Seine blau-graue Farbe ... ... dieses einzigartige Gestein leuchtete bis ins Tal hinab ... ... und alle bewunderten diesen Berg für seine Reinheit und Klarheit ... ... Doch konnte der Berg so nicht bleiben ... ... Er stand so hoch und so stark da ... ... und musste dem Wetter trotzen ... ... Das war viel schwerer als er einst dachte ... ... Und die Zeit verging ... ... Viele Jahre vergingen ... ... Regen und Schnee musste er über sich ergehen lassen ... ... Mancher Sturm hat ihn Kraft gekostet ... ... Doch er musste stehen bleiben ... ... Der Berg konnte sich das nicht aussuchen ... ... Auch der Wind wehte immer wieder ... ... mal schwächer und mal stärker ... ... Und im Laufe der Zeit wurde viel von seiner Kraft ... ... von seiner schützenden Oberfläche und seiner Schönheit abgetragen ... ... Sand und Geröll sind aus ihm hervorgegangen ... ...

... ... Und manchmal brodelte es tief im Innern ... ... ganz tief innen staute sich die Wut der Erde und wollte nach draußen ... ... Ein Vulkan tief innen brodelte und wollte an die Oberfläche ... ... Doch das lässt so ein Berg nicht so einfach zu ... ... Er versucht zu bestehen, um nicht zu zerbrechen ... ... Doch hier und da ... ... an einigen Stellen ... ... da brach die Gewalt dann durch ... ... da suchte der Druck dann Befreiung und Entlastung ... ... Lava und Asche wurden an die Oberfläche gedrückt ... ... Wie eine Kruste klebt diese kalte Lava an der Oberfläche fest und erinnert an die Kraft und die Wut im Innern der Erde

... ... als äußeres Symbol der Vorgänge tief im Innern, die sonst nicht gesehen würden ... ...

... ... Und immer noch ist es so, dass bei zu großem Druck und zu großer Belastung etwas nach außen dringt und sich dann als Kruste am Berg ablagert ... ... So erzählt es der kühle Wind in den Bergen ... ...

... ... Und Du selbst wirst zur Natur ... ... Du wirst zu einem Berg, der sich befreien will von all dem Druck und von all den Ablagerungen ... ... Es ist die Kraft Deiner Gedanken, die Dir hilft ... ... Und plötzlich geht die Sonne auf ... ... Sie wird stärker und stärker und leuchtet wunderschön ... ... Du spürst diesen schneebedeckten Gipfel, der beginnt zu schmelzen ... ... Das Eis und der Schnee schmelzen und beginnen allmählich zu fließen ... ... Kühles Wasser fließt an dem Berg hinab ... ... ein wunderschönes und klares ... ... kühles Wasser ... ... Es fließt über Deine Haut und es fließt über den Berg ... ... Das Wasser nimmt das Geröll und den Sand mit und spült sie ab ... ... Dieses kalte Wasser löst die Verkrustungen der Lava und der Asche ... ... Es spült den Sand ins Tal ... ... und die schöne glatte Oberfläche des Berges wird langsam wieder sichtbar ... ... Die Oberfläche wird glatt ... ... Alle Ablagerungen lösen sich ... ... Alle Verkrustungen lösen sich ab ... ... Die Oberfläche wird wieder glatt ... ... Und das ist wie eine Befreiung für den Berg ... ... Du selbst spürst, was der Berg spürt ... ... Du bist wie er und spürst die Befreiung ... ... Du beobachtest weiter, wie alle Ablagerungen abgetragen werden ... ... egal wie lange sie schon da sind ... ... Sie lösen sich jetzt ab und fließen davon ... ... Die Sonne scheint und macht den Tag schön ... ... Die Wolken verschwinden ... ... Sie lösen sich auf ... ... Alles wird klar und rein ... ... Und Du kannst alles viel deutlicher sehen ... ... Du kannst ins Tal schauen und auch nach oben ... ... Es ist wunderschön ... ... denn alles wird klar und rein ... ...

... ... Jetzt entdeckst Du den kleinen Gebirgssee ... ... Er ist ganz in deiner Nähe ... ... Du gehst hin und badest darin ... ... Das Wasser ist eiskalt ... ... es tut gut, dieses kalte Wasser auf Deiner Haut zu spüren ... ... Es reinigt und befreit Deine Haut ... ... Alle Verkrustungen und alle Ablagerungen Deiner Haut werden abgewaschen ... ... Alle Verfärbungen werden von dem eiskalten Wasser weggespült ... ... Alles wird rein und klar und Du spürst die Befreiung ... ... Du weißt, dass es im Innern des Berges Lava gibt ... ... Du kennst diesen Vulkan der Gefühle und den Versuch, die Gefühle zu kontrollieren ... ... Du weißt, was Du mit dem Berg gemeinsam hast ... ... Und so wie der Berg jeden Vulkanausbruch überlebt und sich reinigen kann, so kannst es auch Du ... ... Du wäschst all die Ablagerungen auf Deiner Haut einfach ab ... ... So reinigt Ihr Euch beide ... ... der Berg durch das schmelzende Eis und Du durch das klare Wasser des Sees ... ... Dieses Eis hier oben und all dieser Schnee ... ... Sie sind schon viele Jahre hier ... ... Doch nun ist es an der Zeit, den Schnee zu schmelzen ... ... das Eis tauen zu lassen ... ... Die Zeit der Kälte ist nun vorbei ... ... Die Erde erneuert sich ... ...an jedem Tag ... ... an jedem Tag ... ...

... ... Und Du bist Zeuge dieses Vorgangs ... ... Du bist es, der die Sonne leuchten lässt und das Eis zum schmelzen bringt ... ... Du bist es, der alle Ablagerungen beseitigen kann und die Schönheit der Natur zum Vorschein bringt ... ... in dieser Fantasie und an jedem Tag ... ...

> *[Komm' nun zurück, hier in diesen Raum und spüre die Kraft und das Leben. Dein Körper wird wieder aktiv und Du wirst nun wieder wach. Du bewegst Dich und Du streckst Dich. Du atmest tief ein, Du öffnest die Augen und bist wach!]*

Bluthochdruck

[Du hast einen zu hohen Blutdruck. Das beschäftigt Dich schon seit einiger Zeit. Du möchtest etwas dagegen unternehmen. Du machst Dir Sorgen um Deine Gesundheit und möchtest Deinen Blutdruck wieder auf ein normales Maß regulieren. Bisher war das nicht so einfach. Ursachen wurden auch nicht richtig gefunden. Du weißt, dass es mit Deinem Seelenleben zu tun hat. Du weißt, dass es Dein innerer Druck ist, der sich im Blutdruck zeigt, auch wenn Du diesen inneren Druck vielleicht lange Zeit gar nicht bemerkt hast. Möglicherweise spürst Du ihn auch jetzt noch nicht ganz. Dennoch kannst Du Dich auf die Vorstellung einlassen, dass Dein Blutdruck ein Abbild Deines Innenlebens ist. Wenn Du also Deine Gefühle verändern kannst und Dein Stresserleben, dann kannst Du vielleicht ja auch Deinen Blutdruck beeinflussen.]

Du schließt also die Augen und kommst zur Ruhe ... ... Gerade das mag oft schwierig sein ... ... das Abschalten ... ... sich gehen lassen ... ... das tiefe Entspannen ... ... Hier und jetzt ... ... in

diesem Augenblick geht es besser als sonst ... ...
Du kannst Dich jetzt entspannen ... ... und loslassen ... ... Atme ruhig und langsam ... ... ein
und aus ... ... Mit jedem Atemzug kannst Du
mehr zur Ruhe kommen ... ... jedes Mal wenn
Du ausatmest, etwas loslassen ... ... Du atmest
aus und lässt Deine Aufgaben und Pflichten los
... ... noch einmal ... ... ausatmen und loslassen
... ... So einfach geht das ... ... ausatmen und
loslassen ... ... Du atmest aus und lässt alle Pläne
los ... ... Pläne für die nächsten Tage oder Wo-
chen ... ... ausatmen und loslassen ... ... Du atmest aus und lässt die Erinnerungen des heutigen Tages los ... ... ausatmen und loslassen ... ...
jetzt ist alles schon erledigt ... ... alles bereits
Vergangenheit ... ... ausatmen und loslassen ...
... So einfach geht das ... ... Du atmest aus und
lässt alle Ziel los ... ... Heute gehst Du auf eine
Reise ohne Zielsetzung ... ... Du bist einfach nur
hier und machst eine kleine fantastische Reise ...
... eine Reise in Deiner eigenen Fantasie ... ...
ausatmen und loslassen ... ... ausatmen und loslassen ... ... Du atmest aus und lässt Druck ab ...
... wie eine Schleuse funktioniert Deine Atmung
... ... wie ein Überdruckventil ... ... Du atmest
aus und lässt Druck ab ... ... Du atmest aus und
kommst zur Ruhe ... ... Du atmest aus und
spürst die Entspannung ... ... Du atmest aus und
wirst schon etwas freier ... ... Du atmest aus und

lässt Druck ab … … Es wird ruhiger in Dir und Du entspannst vollkommen … … mit jedem Ausatmen ein Stück tiefer … … ausatmen und loslassen … …

… … Es riecht nach Tannennadeln … … vielleicht spürst Du es … … und kannst es riechen … … Du bist in einem Tannenwald … … mitten in der ruhigen und sanften Natur … … Du siehst nach oben und kannst die Sonne sehen … … Sie scheint durch die Spitzen der Tannen und wärmt Dich … … Atme ein uns spüre den Geruch der Natur … … Du stehst auf einem weichen Boden aus herabgefallenen Tannennadeln … … wie auf einem Teppich so weich … … Du stehst auf einer Lichtung mitten in diesem Tannenwald … … Du atmest tief ein, um ein Gefühl der Freiheit zu spüren … … und noch einmal tief ein … … und wieder aus … … Du folgst einem schmalen Pfad durch diesen Tannenwald und suchst den Weg nach draußen in die Freiheit … … Hier im Wald ist alles viel zu eng für Dich … … Es ist, als drücke der Wald Dich zusammen … … Doch Du suchst die Weite und die Freiheit der Natur … … Also folgst Du diesem schmalen Pfad durch den Wald … … Du überlegst Dir, wie es wohl sein wird, wenn Du die Weite gefunden hast … … wenn alles um Dich herum offen und ruhig ist … … wenn Du wie befreit sein wirst … …

... ... Und weiter folgst Du diesem Pfad durch den Wald ... ... konsequent und geduldig ... ... wenn es auch etwas Zeit braucht, um den Ausgang zu finden ... ... Du lässt Dich nicht beirren und bleibst dabei völlig ruhig und gelassen ... ...

... ... Und langsam wird es dann heller und heller ... ... Die Bäume stehen in größeren Abständen als vorher und Du kannst schon hindurch sehen ... ... Hinter den Bäumen schimmert es wunderschön blau und silbern ... ... Alles glitzert und funkelt wunderschön ... ... Und Du fragst Dich, woher dieses Glitzern wohl kommen mag ... ... Du folgst weiter dem schmalen Pfad und kommst zum Rande des Waldes ... ... Du gehst ein paar Schritte aus dem Wald heraus und stehst in der Freiheit ... ... Der Himmel ist hellblau und es ist warm ... ... ein wunderschöner und ruhiger Tag ... ... an dem alles viel langsamer und sanfter verläuft als sonst ... ... ruhig und sanft ... ...

... ... Du schaust nach vorne und entdeckst das Glitzern und Funkeln ... ... Ein riesiger See liegt direkt vor Dir ... ... Die Oberfläche des Wassers funkelt und spiegelt den Himmel ... ... blausilbern glitzert das Wasser des Stausees ... ... ein riesiger und ganz tiefer See, der von einer Staumauer aufgehalten wird ... ...

... ... Ein Weg führt um diesen See herum ... ... ein Weg für Wanderer und für Suchende ... ... ein Weg für Dich ... ... Du kannst um diesen See wandern und immer wieder aufs Wasser schauen ... ... Du machst Dich also auf den Weg und wanderst um den See ... ...

... ... Wie lange wohl mag er schon hier sein? ... ... wie viel Zeit mag es wohl gebraucht haben, ihn zu füllen? ... ... Wie lange schon fließt es in ihn hinein, damit er so groß und tief werden konnte? ... ... Vielleicht gehen Dir ja alle diese Fragen durch den Kopf, während Du den See umwanderst ... ... Du schaust ihn Dir genau an ... ... Das Wasser ist klar und rein ... ... Wenn Du ganz nah heran gehst, kannst Du vielleicht sogar bis auf den Boden sehen ... ...

... ... Du kommst zur Staumauer ... ... Dein Weg führt direkt über die Staumauer ... ... Du bleibst stehen und schaust auf den See ... ... Wie viele Liter Wasser drücken wohl auf die Mauer? ... ... Wie groß wird der Druck wohl sein, den sie zu ertragen hat? ... ... Du greifst mit beiden Händen an das Geländer auf der Staumauer ... ... Du versuchst zu spüren, wie große der Druck ist ... ... Du versuchst, mit Deinen Händen den Druck zu spüren, der auf der Staumauer lastet ... ... Und tatsächlich kannst Du diese Spannung spüren … … wie eine ganz feine Vibration … … eine ganz leichte Bewegung unter der Last des Wasserdrucks … … Du spürst es in beiden Händen … … Vielleicht denkst Du sogar darüber nach, wie lange diese Mauer den Druck wohl aushalten könnte … …

… … Du schaust auf der gegenüberliegenden Seite ins Tal jenseits der Staumauer … … Das Tal ist wunderschön … … Es fließt ein kleiner Bach aus der Staumauer heraus, denn ein Teil des Wassers muss ständig weiter fließen, damit der See nicht überläuft … … Der kleine Bach fließt in einem riesigen Flussbett, das viel mehr Wasser aufnehmen könnte … … Doch Du gehst weiter und kommst zur Mitte der Staumauer … … Dort steht ein kleiner alter Mann vor einem Betonblock mit einer Kurbel daran … … Von weitem sieht der Betonblock aus wie ein Leierkasten … … Der alte Mann hat auf Dich gewartet … …

… … Du kommst näher und der alte kleine Mann bitte Dich um Hilfe … … Er kann die Kurbel nicht alleine drehen … … Sie ist verrostet und verklemmt, weil sie schon lange nicht mehr benutzt wurde … … Du fragst ihn, wozu diese Kurbel gut sei … … Der alte Mann erklärt Dir, dass er damit die Schleuse öffnen kann, die das Wasser freigibt … … An der Kurbel zu drehen ist etwa so wie den Gummistopfen aus dem Ablauf einer Badewanne zu ziehen ... ... Der Ablauf der Staumauer wird freigegeben und das Wasser kann langsam abfließen ... ... Doch Du musst dem alten Mann helfen ... ...

... ... Also tust Du ihm diesen Gefallen und drehst an der Kurbel ... ... Es ist viel leichter als Du geglaubt hast ... ... Ganz leicht kannst Du sie drehen und die Schleuse öffnen ... ... Du schaust dabei ins Tal und siehst, wie das Wasser in weitem Bogen aus der Staumauer strömt ... ... Du hast den Ablauf geöffnet ... ... Der Druck im See lässt nach ... ... Der Druck der Staumauer wird geringer ... ... Alles wird ruhiger und sanfter ... ... Das Wasser fließt durch das Flussbett, dass nun viel schöner aussieht ... ... Das fließende Wasser sieht wunderschön aus ... ... denn zu der blau-silbernen Farbe kommt jetzt ein sprudelndes Weiß ... ...

... ... Der alte Mann bedankt sich ... ... Du hast den Druck verringert ... ... Alles fließt harmonischer und ruhiger ... ... Alles reguliert sich nun von selbst ... ... Du greifst noch einmal an das Geländer und kannst es fühlen ... ... Die Spannung lässt nach ... ... Der See wird ruhiger und entspannter ... .. Der Druck lässt nach ... ... Du stellt diese Ruhe her ... ...

... ... Du schaust auf das abfließende Wasser und freust Dich, dem alten Mann einen Gefallen getan zu haben ... ... Die Staumauer wird nun entlastet und entspannt sich ... ... Der Druck lässt nach ... ...

... ... Und Du denkst darüber nach, wie es wäre, wenn Dein Inneres wie dieser Stausee sein könnte ... ... Wenn Du einfach die Schleusen Deiner inneren Staumauer öffnen könntest, um Druck abzulassen ... ... ihn einfach abfließen zu lassen ... ... Ganz von selbst würde das geschehen, wenn Du die Kurbel in Deinem Inneren findest ... ... und vielleicht ist ja genau das bereits geschehen ... ... Vielleicht hast Du ja an der Kurbel Deiner eigenen Staumauer gedreht, um Deinen Druck loszuwerden ... ... Wahrscheinlich spürst Du jetzt eine innere Ruhe und fühlst Dich entspannt ... ... So einfach kann es sein ... ...

> *[Ganz langsam, in Ruhe und Gelassenheit, in aller Gemütlichkeit kommt nun das Leben zurück in Deinen Körper. Du spürst Deine Beine und Deine Arme und möchtest sie bewegen. Du atmest tief ein und streckst Dich, um wieder wach zu werden. Mit einem tiefen Atemzug öffnest Du die Augen und bist wach!]*

Kopfschmerzen

[Du kennst diese Schmerzen in Deinem Kopf, die Dich schon so oft gequält haben. Oftmals gerade dann, wenn Du eigentlich Konzentration gebraucht hättest. Manchmal sogar, wenn Du geglaubt hattest, Du wärst gerade zur Ruhe gekommen. Dann in der Ruhe hast Du sie noch viel deutlicher gespürt. So als wollte Dein Kopf oder irgendjemand, der ihn steuert, Dir einfach keine Ruhe lassen, obwohl Du Dich gerade nach Ausgeglichenheit und Harmonie sehnst. Vielleicht hast Du schon häufig gedacht, es müsste einen Knopf geben, um die Kopfschmerzen einfach abzuschalten. Oder einen Trick. Vielleicht ja sogar einen Trick, der Dir gleichzeitig Ruhe verschafft.]

Nimm also nun zunächst einmal eine möglichst bequeme Position ein … … so bequem, dass Du das Gefühl hast, noch gemütlicher geht es nicht … … So kannst Du schon etwas zur Ruhe kommen … … ein Stück von dem Zustand herstellen, den Du Dir wünschst … … Und vielleicht kann diese Ruhe ja auch ganz tief gehen … … ganz bequem und frei … … Atme einfach ruhig und gleichmäßig … … So kommst Du am einfachsten

und am schnellsten auch zur inneren Ruhe ... ...
Wer weiß ... ... möglicherweise hast Du jetzt
überhaupt keine Beschwerden und fühlst Dich
gut ... ... Du hattest aber schon oft Kopfschmerzen, gerade wenn es ruhiger wurde ... ... Also
kann auch das der Fall sein .... Doch heute
möchtest Du etwas dagegen unternehmen ... ...
Es gelingt Dir, zur Ruhe zu kommen ... ... und
Dich auf diesen Versuch einzulassen ... ...

... ... Zur Unterstützung Deiner inneren Ruhe
und zur immer tieferen Entspannung, machen
wir eine Reise durch Deinen Körper ... ... Du
kannst einmal auf deine Atmung achten und
spüren, wie Dein Atem ein- ... ... und ausströmt
... ... ein und aus ... ... Und Du kannst Dir vorstellen, wie Deine Atemluft durch die Nase über
die Luftröhre zur Lunge strömt und wieder zurück ... ... In Deiner Fantasie kannst Du Dir aber
auch etwas anderes vorstellen ... ... Du kannst
Dir zum Beispiel vorstellen, dass Du Deine
Atemluft lenken könntest ... ... mit der Kraft
Deiner Gedanken ... ... immerhin ist es Deine
Atmung ... ... Wer sonst könnte sie also beeinflussen oder lenken ... ...

... ... Du stellst Dir also jetzt einmal vor, dass Du
Deinen Atem in Deine Armen lenken kannst ...
... Du atmest ein und stellst Dir vor, wie die
Atemluft bis ganz tief in die Arme strömt ... ...

zu den Händen ... ... bis in die Finger hinein ...
... Und beim Ausatmen fließt die Luft wieder sanft und geschmeidig zurück und über die Nase nach draußen ... ... Das machst Du nun noch einige Male ... ... Du atmest ein und die Atemluft strömt sanft und harmonisch in deine Arme ... ... in die Hände ... ... in die Finger ... ... und wieder zurück ... ... Dabei entspannen sich Deine Arme ganz von selbst ... ... Und mit dieser Entspannung der Arme gehst Du in diesen Zustand der inneren Ruhe ... ... immer tiefer ... ... mit jedem Atemzug tiefer ... ... Alles fühlt sich sanft und gut an ... ... Aber vielleicht hast Du ja gar nicht die Vorstellung einer harmonisch strömenden Luft in Deinen Armen ... ... Vielleicht kommt es Dir eher so vor, als verwirbele die Luft in Deinen Armen ... ... oder als würde sie irgendwie abgelenkt ... ... Wenn das so ist, dann liegt das einfach daran, dass Deine Arme sich noch tiefer entspannen können ... ... Du atmest also einfach zu dieser Stelle hin und Deine Arme entspannen sich ... ...

... ... Dann atmest Du in deinen Oberkörper hinein ... ... Du spürst, wie er sich beim Atmen hebt und senkt ... ... Du stellst Dir vor, wie die Atemluft den ganzen Oberkörper durchströmt ... ... und alles entspannt sich ... ... Dein Bauch entspannt sich ... ... Dein Rücken entspannt sich ...

… Vielleicht fließt ja die Atemluft zuerst in den Bauch hinein und dann zum Rücken … … und durch die Wirbelsäule wieder nach oben … … Dein Oberkörper entspannt sich dabei und Du kommst immer tiefer … … in diesen schönen Zustand der inneren Ruhe und Gelassenheit … … Mit jedem Atemzug wird es etwas ruhiger in Dir … …

… … Nun atmest Du in die Beine … … Mit tiefen Atemzügen lässt Du die Luft bis ganz tief in Deine Beine strömen … … Stell Dir einfach vor, Deine Beine wären innen hohl … … Du atmest bis zu den Füßen hinunter … … Und dann wieder zurück zur Nase und nach draußen … … So entspannen sich auch Deine Beine … … und Du kommst immer mehr zur Ruhe … …

… … Und nun konzentrierst Du Dich auf den Kopf … … Du kannst nun beginnen, in Deinen Kopf hinein zu atmen … … Diese Vorstellung ist ziemlich leicht … … Du spürst sowieso die Atemluft durch Deine Nase ein- und ausströmen … … Und Du kannst Dir auch vorstellen, dass Du in Deinen Kopf hinein atmen kannst … … So als wäre er innen ganz leer und die Luft kann ungehindert hinein fließen … … So kann sich auch Dein Kopf entspannen … … Im Kopf gibt es keine Muskeln oder Sehnen … … Doch es gibt etwas anderes ... ... unsere Gedanken ... ... Du kennst diese störenden Gedanken und diese Schmerzen, die Du schon so oft im Kopf hattest ... ... So beginnst Du nun damit, alle störenden Gedanken auszuatmen ... ... Du stellst Dir vor, dass alle störenden Gedanken die Farbe dunkelblau besitzen ... ... Du atmest ein und die Atemluft sammelt alle dunkelblauen Gedanken ein ... ... Beim Ausatmen stellst Du Dir vor, wie dunkelblaue Luft aus Deiner Nase strömt ... ... Du atmest alle störenden Gedanken einfach aus ... ... Jeder einzelne Atemzug nimmt einen störenden Gedanken mit ... ... Du siehst am Himmel kleine weiße Wolken vorbeiziehen, die vom Wind getragen werden ... ... Du atmest die dunkelblauen Gedanken in die weißen Wolken hinein ... ... Und jede Wolke nimmt einen störenden Gedanken mit ... ... Und jeder Gedanke, der mitgenommen wird ... ... jede Wolke, die weiter zieht, lässt Dich tiefer entspannen ... ... Alle dunkelblauen Gedanken ziehen von Dir weg ... ... Vielleicht merkst Du schon, dass es dadurch leichter in Dir wird ... ...

... ... Dann gibt es da auch die Kopfschmerzen oder zumindest die Erinnerung daran ... ... Du weißt, wie das ist, wenn sie kommen und Dich belästigen ... ... Diese schmerzhaften Gedanken besitzen die Farbe rot ... ... Wo auch immer ein

Schmerz in Deinem Kopf sich befindet ... ... oder einmal befunden hat ... ... überall dort findest Du die Farbe rot ... ... Vielleicht kommt es Dir sogar so vor, als wäre Dein Kopf innen nur rot ... ... Doch Du weißt, was zu tun ist ... ... Du atmest weiter in Deinen Kopf hinein und die Atemluft nimmt alle Schmerzen und jede Vorstellung von Schmerz mit sich nach draußen ... ... Du atmest jede Vorstellung von Schmerz aus ... ... mit jedem Atemzug ... ... Rote Luft strömt aus Deiner Nase ... ... Rote Schmerzen fließen nun ab ... ... Du atmest ein und sammelst alle Schmerzen mit der Atemluft ein ... ... Sie zieht an den schmerzhaften Gedanken wie ein Magnet ... ... und transportiert alle roten Gedanken ab ... ... Du kannst Dir einen kleinen Bachlauf vorstellen mit eiskaltem Wasser ... ... Es fließt in schnellem Tempo an Dir vorbei ... ... Du atmest die roten Gedanken in diesen Bach hinein ... ... Er färbt sich rot ... ... Das kalte Wasser bringt die roten Gedanken weit weg und der Bach wird sofort wieder klar ... ... Du atmest immer und immer wieder alle roten Schmerzgedanken in das eiskalte Wasser ... ... so lange, bis alle Schmerzen verschwunden sind ... ... so lange, bis Die Luft beim Ausatmen klar ist ... ... klar und rein ... ... Mit dem Wasser kannst Du nun Deinen Kopf kühlen ... ... Du kannst es mit den Händen schöpfen ... ... Es ist angenehm kühl ...

... ... Du gönnst Dir noch etwas Ruhe ... ... Dein ganzer Körper genießt diese Entspannung ... ... Du stellst Dir vor, wie es sein wird, wenn Du einfach jeden Tag deine störenden Gedanken ausatmest und Deine roten Schmerzgedanken ... ... So kannst Du an jedem Tag erneut, all das loslassen, was Dir schon so oft Schmerzen zugefügt hatte ... ... und gleichzeitig Ruhe finden ... ... So wie jetzt und vielleicht noch viel angenehmer ... ... So wie jetzt ... ... und vielleicht noch viel angenehmer ... ...

[Nun kommst Du langsam zurück. Und Du weißt, dass die Ruhe, die Du Deinem Kopf nun gönnst, anhalten wird. Das Leben kommt in Deinen Körper zurück und Du spürst das Bedürfnis, Dich zu bewegen. Dein Körper fühlt sich vollkommen wohl und Du wirst wieder wach!]

Nichtraucher werden

[Du möchtest mit dem Rauchen aufhören und hast schon einige Versuche dazu unternommen. Schon mehrmals hast Du versucht, von den Zigaretten loszukommen, einfach damit Schluss zu machen. Dann hat es doch nicht so recht funktioniert. Irgendwann hast Du dann wieder angefangen. Vermutlich hast Du geglaubt, dass es doch nicht ohne Zigaretten gehen wird oder es war eine Situation voller Stress, in der Du noch einmal eine geraucht hast. Dann hast Du schnell zu der alten Routine zurück gefunden, obwohl Du sie eigentlich schon nicht mehr brauchtest. Nun willst Du wieder aufhören und sicherlich besteht da ein gewisser Druck, diesmal erfolgreich zu sein.]

Also entspannst Du Dich jetzt und lehnst Dich auch innerlich zurück … … Mach es Dir einfach einmal bequem und verlange nicht von Dir, dass heute schon der letzte Tag deines Raucherlebens ist … … Vielleicht ist heute ja der letzte Tag … … und falls nicht, dann ist vielleicht schon Morgen der letzte … … Sagen wir also einfach, dass heute *einer* der letzten Tage Deines Rauchens ist und Du schon sehr bald Nichtraucher bist … … und dann am besten für immer ... ... schon bald Nichtraucher für immer ... ... So wollen wir einsteigen in die heutige Fantasie ... ... in den Tagtraum von der rauchfreien und gesunden Zukunft ... ... Deine Entspannung kannst Du am besten über die Atmung vertiefen ... ... was läge näher? ... ... Immerhin hat Atmung ja viel mit dem Rauchen zu tun ... ... aber auch mindestens genauso viel mit dem Nichtrauchen ... ... Statt Rauch wirst Du ja dann schon sehr bald nur noch frische Luft ein- und ausatmen ... ... nur noch frische Luft ... ... So atmest Du jetzt frische und vor allem rauchfreie Luft für deine Entspannung ... ... Dabei erlebst Du dann ganz bewusst, wie gut es tut, frische und vor allem rauchfreie Luft zu atmen ... ... Also los ... ... Du atmest frische Luft ein und lässt jede Spannung des Körpers los ... ... Du atmest ein und kommst zur Ruhe ... ... Du atmest frische Luft ein und weckst damit Deine Kreativität und Deine Fantasie ... ... Du atmest ein und kommst zur Ruhe ... ... Du atmest frische Luft ein und spürst, wie sich die Lungen weiten ... ... Du atmest ein und kommst zur Ruhe ... ... Du atmest frische Luft ein und spürst ein Gefühl der Befreiung ... ... Du atmest ein und kommst zur Ruhe ... ... Du atmest frische Luft ein und drehst Deinen Blick nach innen ... ... Du atmest ein und kommst zur Ruhe ... ... Du atmest frische Luft ein und freust Dich über

Freiheit ohne Zigaretten … … Jetzt und hier …
… Du atmest ein und kommst zur Ruhe … …

… … Du möchtest ja für immer auf das Rauchen
verzichten … … Und möglicherweise hast Du es
schon einige Male versucht … … Dann hast Du
es nicht geschafft und doch wieder geraucht …
… Vielleicht hast Du auch schon einmal gedacht:
Warum schaffen es die anderen und ich nicht? …
… Denn sicherlich kennst Du jemanden, der es
entweder geschafft hat, mit dem Rauchen aufzu-
hören oder einen, der noch nie geraucht hat, den
Du dafür bewundern kannst … … Es gibt dieses
Vorbild … … diesen Nichtraucher … … der es
irgendwie besser zu können scheint als Du … …
Du denkst vielleicht: Wenn ich so sein könnte
wie er oder wie sie … … Dann kann auch ich
aufhören und für immer Nichtraucher sein … …

… … Dann stellst Du Dir vor, wie es aussieht,
wenn diese Person, an die Du denkst, in einer
Situation steht, in der Du immer geraucht hast …
… Da gibt es sicherlich einige Möglichkeiten …
… in der Freizeit … … in der Pause am Arbeitsplatz … … auf einer Geburtstagsfeier oder in
einer Kneipe … … Wo auch immer Du geraucht
hast, stell' Dir einfach eine typische Situation vor,
aber stell' Dein Vorbild dort hinein … … Sieh Dir
diese Person an … … Sie steht dort ohne Zigaret-

te … … Und es fällt ihr vollkommen leicht … …
Es ist einfach … … Diese Person ist einfach
Nichtraucher … … so wie Du … … Sieh ihr zu
und lerne, wie sie das macht … …

… … Was macht diese Person mit den Händen,
die bei Dir immer Zigaretten gehalten haben? …
… Wie spricht sie? … … Wie bewegt sie sich? …
… Wie ist die Stimmung dieses Menschen? … …
Und wie sieht er wohl seine verrauchte Umge-
bung? … … Unsichtbar … … als stiller Beobachter stehst Du neben dieser Person und schaust ihr
zu … … Du siehst … … Nein, Du spürst sogar,
wie sie sich fühlt … … Du spürst diese Leichtigkeit des Nichtrauchens … … diese Selbstver-
ständlichkeit … … Für dieses Vorbild ist es
überhaupt kein Verzicht, ohne Zigaretten zu sein
… … Es ist selbstverständlich … … Es ist ganz
normal … … Du stehst neben der Person neben
Deinem Nichtraucher-Vorbild und nimmst seine
Blickrichtung ein … … so als wolltest Du alle
Bewegungen nachmachen … … Und weil Du als
kreativer Beobachter hier bist, kannst Du durch
seine Augen schauen … … kannst sehen, was
Dein Vorbild sieht … … und selbst ganz in diese
Nichtraucherperspektive eintauchen … … Du
kannst noch näher heran gehen … … Du kannst
ganz nah … … ganz nah an dieses Vorbild heran
gehen … … mehr noch… … Du kannst sogar in

Dein Vorbild hinein schlüpfen ... ... wie ein Geist ... ... Von hier aus kannst Du empfinden wie Dein Vorbild ... ... Du kannst denken wie Dein Vorbild ... ... Du bist genau wie Dein Vorbild ... .. ein selbstverständlicher Nichtraucher ... ... er oder sie und Du ... ... und Du ... ... er oder sie ... ... und Du ... ...

... ... Du gehst immer tiefer hinein in Dein Vorbild ... ... wie ein Geist, und Du lernst, wie das geht, die Welt so zu sehen und so selbstverständlich ohne Zigaretten zu sein ... ... Vielleicht hast Du schon ein Gespür dafür, dass es kein Verzicht ist ... ... dass es keinerlei Anstrengung bedeutet ... ... Nichtraucher zu sein ist völlig normal ... ... Es ist angenehm ... ... ganz leicht ... ... Im Moment rauchst Du ja nicht und fühlst Dich wohl ... ... Genau so geht es jeden Tag ... ... So wie bei Deinem Vorbild ... ... Und nun bewege Dich durch Deine Welt ... ... Gehe im Körper und in den Gedanken Deines Vorbildes durch Deine eigene Welt ... ... durch Deinen Alltag ... ... Begegne den typischen Rauchersituationen ... ... und spüre, wie einfach es ist, Nichtraucher zu sein ... ... Geh' jetzt an die Orte Deines Alltages ... ... vielleicht zu Hause ... ... Wo hast Du dort geraucht? ... ... Schau nun an diesem Ort durch die Augen Deines Vorbildes ... ... Diese Person raucht nicht ... ... Du auch nicht ... ... Geh' zu

Deinem Arbeitsplatz … … Wann hast Du da geraucht? … … Vielleicht musstest Du nach draußen gehen? … … Geh' hin, wo auch immer Du
dort geraucht hattest … … Dein Vorbild raucht
dort nicht … … Du auch nicht … … vielleicht
irgendwann … … Doch jetzt nicht … … jetzt
nicht … … Nun geh' an die Orte Deiner Freizeit
… … Wo gehst Du gerne hin? … … Was machst
Du dort? … … Wie und wo hast Du dort früher
geraucht? … … Schaue aus den Augen Deines
Vorbildes und denke mit seinen Gedanken … …
mit seiner kreativen Energie … … Dein Vorbild
raucht hier nicht … … Es verspürt nicht einmal
den Drang danach … … Du auch nicht … … Du
auch nicht … … vielleicht etwas später … …
doch jetzt nicht … … jetzt nicht … …

… … Und nun schlüpfst Du einfach wieder aus
Deinem Vorbild heraus … … Du stellst Dich einfach wieder unbemerkt neben diese Person und
bringst Ihre Sichtweisen und Perspektiven mit …
… Du nimmst die Ablehnung des Rauchens einfach mit … … So behältst auch Du diese Nicht-
raucherhaltung … … Du stehst neben dieser Person und bemerkst vielleicht, wie ähnlich Ihr
Euch in Eurer Grundhaltung geworden seid …
… Du fühlst immer noch diese Entspannung …
… Sie zeigt Dir, dass Du das jeden Tag ganz entspannt tun kannst … … Einfach so sein wie Dein

Vorbild und auf Zigaretten verzichten … … einfach so … … ein selbstverständlicher Nichtraucher … … Du kannst noch mehr … … Du kannst sogar Vorbild sein für andere, die mit dem Rauchen aufhören wollen … … so wie Du … … Und schon heute, an einem Deiner letzten Rauchertage kannst Du dieses Vorbild sein … … Vielleicht hast Du ja schon aufgehört zu rauchen … … Du rauchst nicht mehr … … Du fühlst Dich jetzt wohl, ohne zu rauchen und vielleicht lässt Du es einfach so … … als selbstverständlicher Nichtraucher, der Du geworden bist … … wie Dein Vorbild … … ein selbstverständlicher Nichtraucher … …

[Du spürst wieder Leben und Wachheit in deinem Körper. Du spürst den Drang, Dich zu bewegen und wieder ganz wach zu werden. Du atmest tief ein und wirst dabei wach. Du öffnest die Augen und bist wieder hier, in diesem Raum.]

Übergewicht

[Du trägst zu viel Gewicht mit Dir herum und möchtest etwas dagegen unternehmen. Da gibt es viele Diäten und sicherlich hat Dir auch schon einmal jemand zu Sport geraten. Vielleicht hast Du ja auch schon einige Male Gewicht verloren, vielleicht sogar ziemlich viel. Dann hast Du irgendwann wieder zugenommen. Du kennst diesen Jojo-Effekt und hast ihn am eigenen Leib schon erlebt. Du weißt, dass es Gründe dafür gibt, dass Du zu viele Kalorien isst. Es kann sogar eine ganze Reihe von Gründen geben, möglicherweise auch einige, die Du gar nicht kennst. Leichter werden ist Dein Ziel. Und wer weiß, es könnte am Ende leichter sein als Du jetzt denkst.]

Wenn Du jetzt die Augen schließt, kann Dein heutiger Tagtraum beginnen … … ein schöner Traum von einer schlankeren Zukunft … … Atme ruhig und sanft und komm' zuerst einmal zur Ruhe … … Ich zähle für Dich rückwärts … … ich beginne bei fünfzig und zähle in Zweierschritten rückwärts bis null … … Vielleicht stellst Du Dir die Zahlen wie die Anzeige einer riesigen

Waage vor, auf der Gewicht verloren geht … … Jede Zahl steht für ein Stück des Leichterwerdens … … Jede Zahl, die ich nenne steht für das Ablegen einer Last … … Vielleicht jede Zahl für hundert Gramm oder auch für ein halbes Pfund … …. Und mit jeder Zahl, die ich nenne purzeln die Pfunde … … und Du entspannst Dich dabei … … 50 … … 48 … …46 … …44 … …42 … …40 … … Du wirst leichter und leichter und mit der Leichtigkeit gehst Du in eine schöne tiefe Entspannung … … 38 … …36 … …34 … …32 … …30 … … Du wirst leichter und leichter und mit der Leichtigkeit gehst Du in eine schöne tiefe Entspannung … …28 … …26 … …24 … …22 … …20 … … Du wirst leichter und leichter und mit der Leichtigkeit gehst Du in eine schöne tiefe Entspannung … …18 … …16 … …14 … …12 … …10 … … Du wirst leichter und leichter und mit der Leichtigkeit gehst Du in eine schöne tiefe Entspannung … …10 … … 8 … …6 … …4 … …2 … …0 … … Du wirst leichter und leichter und mit der Leichtigkeit gehst Du in eine schöne tiefe Entspannung … …

… … Du gehst in das Land der vier hohen Berge … … Du stehst in der Natur … … mitten auf der Wiese und das Wetter ist wunderschön … … Die Sonne scheint und lädt Dich ein zu einer Wanderung über die vier hohen Berge … … Du siehst sie vor Dir … … vier Berge der Herausforderung … … und alle wirst Du heute in Angriff nehmen … … Schon oft hast Du Dich großen Herausforderungen gestellt … … Viele konntest Du gut in den Griff bekommen … … andere waren schwieriger … … Vielleicht auch konntest Du so manche Aufgabe nicht bewältigen oder nicht so, wie Du es von Dir selbst erwartet hattest …. … Und heute geht es um die besondere Herausforderung, leichter zu werden und schlanker … … heute und an jedem Tag Deines Lebens, denn schlank willst Du ja für immer sein … … Du machst Dich also auf den Weg zu den vier Bergen und jeden Berg wirst Du bezwingen … … Du trägst einen Rucksack mit vier Mahlzeiten mit Dir, um unterwegs immer satt zu sein … … Du wirst jeden Gipfel erwandern und dann den Berg hinter Dir lassen … … erleichtert und frei … … Geh' also los in deine schlankere Zukunft … … Schritt für Schritt wirst Du dann schon leichter auf Deiner Wanderung in dieser schönen Fantasie und dann jeden Tag in Deiner wachen Wirklichkeit … … jeden Tag leichter … …

… … Dein Weg führt zu dem ersten Berg … … Es ist der Berg der Sehnsucht … … Alle unerfüllten Wünsche sind hier zu finden und alle Träume von einer besseren Zeit … … Du steigst auf den Berg der Sehnsucht … … Dabei fallen Dir deine Sehnsüchte und Wünsche ein ... ... alles Unerfüllte ... ... Du denkst an das, was Du noch nicht erreichen konntest ... ... und an das, was Du Dir für deine Zukunft wünschst ... ... Du gehst immer weiter bis zum Gipfel des Berges der Sehnsucht ... ... Hier oben kannst Du unendlich weit in die Ferne sehen ... ... Du kannst den Ausblick genießen und Dich frei fühlen ... ... Du weißt, dass Du oft etwas gegessen hast, um Sehnsüchte zu betäuben ... ... So konntest Du Dir etwas geben, was Dir an anderer Stelle versagt blieb ... ... Auch das war ein Teil Deines Essverhaltens ... ... Wenn Du leichter bist ... ... so leicht wie jetzt hier in diesem schönen Tagtraum, in dem Du wandern kannst, ohne zu ermüden ... ... dann ist es viel leichter den Berg der Sehnsucht zu erklimmen und zu spüren, welche unerfüllten Wünsche Du eigentlich noch hast ... ... Am Gipfelkreuz dieses Berges sagst Du Dir: Essen ist der falsche Weg ... ... Ich erfülle mir einfach meine wirklichen Wünsche ... ... und wenn das nicht geht, dann suche ich mir einen schönen anderen Wunsch, der erfüllbar ist ... ... Du öffnest deinen Rucksack und legst eine Mahlzeit ans Gipfelkreuz und lässt sie dort ... ... Du brauchst sie ja nicht mehr ... ... Du hast genügend andere Ziele ... ... Essen kannst Du später ... ... Und dann gehst Du hinab ins Tal und wirst leichter ... ... Du hast eine Hürde genommen und kommst immer näher zu Dir selbst und zu Deinen wirklichen Bedürfnissen … …

… … Dein Weg führt Dich weiter … … und mit Leichtigkeit erreichst Du den zweiten Berg … … Es ist der Berg des Perfektionismus … … Du steigst nach oben und denkst darüber nach, welche Rolle der Perfektionismus in Deinem Leben bisher gespielt hat … … Oft hast Du versucht, perfekt zu sein … … vielleicht auch, perfekt zu denken und zu fühlen … … etwas zu erfüllen, obwohl Du ganz andere Interessen hattest … … Und obwohl Deine Essgewohnheiten nicht gerade perfekt sind, strebst Du auch hier nach Perfektion und hast wahrscheinlich den überhöhten Anspruch, nun ganz diszipliniert sein zu müssen … … Da ist wieder der Anspruch des Perfektionismus … … Du steigst immer höher und höher … … Du machst Dir klar, dass es manchmal auch der nicht erfüllte Perfektionismus war, der Dich hat essen lassen … … So als wolltest Du etwas auffüllen … … Am Gipfelkreuz dieses Berges sagst Du Dir: Essen ist der falsche Weg … … Ich muss nicht perfekt sein … … Ich bin gut so wie ich bin … … Du öffnest deinen Rucksack und legst eine Mahlzeit ans Gipfelkreuz und lässt sie dort … … Du brauchst sie ja nicht mehr … … Du hast genügend andere Ziele … … Essen kannst

Du später … … Und dann gehst Du hinab ins Tal und wirst leichter … …

… … Dein Weg führt weiter zum dritten Berg … … Es ist der Berg des schlechten Gewissens … … Das kennst Du gut … … So oft schon hattest Du ein schlechtes Gewissen, weil Du gedacht hast, Du machst etwas falsch oder erfüllst etwas nicht … … Selbst wenn Du einmal ganz an Dich selbst gedacht hast, kam Dir das vor wie Egoismus und Du hattest ein schlechtes Gewissen … … Natürlich auch beim Essen … … Wenn Du dann viel zu viel gegessen hast, hast Du Dich schon oft anschließend darüber geärgert und ein schlechtes Gewissen gehabt … … Du steigst also auch diesen Berg der Herausforderung hoch und überlegst Dir, in welchen Situationen Du schon so oft ein schlechtes Gewissen hattest … … Viele Situationen, die für Dich immer mit einem schlechten Gewissen verbunden waren, fallen Dir wieder ein … … Manche sind vielleicht tief verborgen, doch für die kannst Du zumindest ein Gefühl entwickeln … … Am Gipfelkreuz dieses Berges sagst Du Dir: Essen ist der falsche Weg … … Ich lasse das schlechte Gewissen los und werde leicht … … Du öffnest den Rucksack und legst eine Mahlzeit ans Gipfelkreuz und lässt sie dort … … Du brauchst sie ja nicht mehr … … Du hast genügend andere Ziele … … Essen kannst Du später ... ... Und dann gehst Du hinab ins Tal und wirst leichter ... ...

... ... Dein Weg führt Dich weiter und bringt Dich zum vierten Berg ... ... Es ist der Berg der Leichtigkeit ... ... Auch Dein Rucksack ist schon viel leichter geworden, denn Du hast ja auf jedem Berg etwas zu Essen abgegeben ... ... Du brauchst es ja nicht mehr ... ... Nun steigst Du den Berg der Leichtigkeit empor und wirst mit jedem Schritt leichter und satter ... ... Denn beides gehört zusammen ... ... satt sein und leicht sein ... ... satt sein und leicht sein ... ... Auf dem Weg nach oben überlegst Du Dir, wann Du Dich zum letzten Mal innerlich leicht gefühlt hast ... ... Du denkst darüber nach, in welchen Situationen und zu welchen Gelegenheiten Du Dich leicht fühlen kannst ... ... Du überlegst, was Du heute oder Morgen brauchst, um leicht zu sein ... ... leicht und gelassen und gleichzeitig zufrieden ... ... Du steigst immer höher auf diesen Berg und nimmst das Gefühl der Leichtigkeit tief in Dir auf ... ... Unbeschwertheit und Fröhlichkeit ... ... tief in Dir auf ... ... Befreiung nimmst Du tief in Dir auf ... ... Und all das macht Dich satt und zufrieden ... ... Am Gipfelkreuz dieses Berges sagst Du Dir: Essen ist der falsche Weg ... ... Ich gönne mir Leichtigkeit und Freiheit ... ... Du öffnest deinen Rucksack und legst eine Mahlzeit ans Gipfelkreuz und lässt sie dort ... ... Du brauchst sie ja nicht mehr ... ... Du hast genügend andere Ziele ... ... Essen kannst Du später ... ... Und dann gehst Du hinab ins Tal und wirst leichter ... ... Dein Rucksack ist leer ... ... Du hast alle Mahlzeiten abgegeben und fühlst Dich frei ... ...

... ... Im Tal wanderst Du weiter und sammelst lauter grüne Kleeblätter ein ... ... Jedes Kleeblatt steht für einen schönen Tagtraum und für eine neue Idee ... ... für eine Bereicherung Deines Lebens ... ... für neue Ziele und für das Gefühl der Freiheit, das damit verbunden sein kann ... ... Du genießt den Tag und bist frei ... ... leichter und leichter ... ... immer leichter und leichter ... ... heute und an jedem anderen Tag in Deinem Leben ... ...

[Du spürst den Drang, Dich zu bewegen. Vor allem in deinen Händen spürst Du die Kraft, die Dich auffordert, die Dinge anzugehen. Du wirst wacher und wacher und voller Kraft und Selbstvertrauen öffnest Du die Augen.]

Nacken-/Schulterverspannungen

[Du kennst diese Verspannungen in Deinem Nacken und in den Schultern. Die Muskulatur ist verhärtet und es fühlt sich unangenehm an, wenn Du den Kopf bewegst. Du möchtest gerne wieder einmal ein leichtes Gefühl erleben. Vielleicht sogar eine Lockerheit. Vielleicht hast Du schon einiges ausprobiert, um Deine Muskeln und Deinen Körper zu entspannen. Möglicherweise hast Du schon Massagen bekommen. Oder Du hast es mit einem Entspannungsbad versucht. Doch so recht ist es noch nicht gelungen, Dich dauerhaft zu entspannen.]

Jetzt kannst Du es Dir bequem machen ... ... zunächst einmal die angenehmste Position finden ... ... Du kannst Deinen Körper und vor allem diese besonderen Bereiche jetzt entlasten ... ... Du legst Dich einfach so hin, dass es sich möglichst gut anfühlt ... ... so bequem wie es gerade jetzt geht ... ... Und dann stellst Du Dir Deine Atmung wie eine Dehnübung im Sport vor ... ... Immer wenn Du einatmest, fühlst Du ja wie Deine Schultern etwas nach oben gezogen werden ... ... Beim Ausatmen dann sinken sie wieder etwas tiefer ... ... Und Du stellst Dir dabei vor, es wäre eine Dehnübung für die Muskeln am Nacken und an den Schultern ... ... Immer wenn Du einatmest, werden die Muskeln und Sehnen am Nacken und an den Schultern gedehnt und gestreckt ... ... Beim Ausatmen dann lässt Du wieder los ... ... Beim Einatmen spannt sich also alles an ... ... und beim Ausatmen lösen sich die Muskeln und Sehnen ... ... Alles wird locker ... ... Immer wieder geht es so ... ... einatmen und anspannen ... ... ausatmen und loslassen ... ... einatmen und anspannen ... ... ausatmen und loslassen ... ... So kommst Du etwas zur Ruhe und Dein Körper entspannt sich Schritt für Schritt ... ...

... ... Dann stellst Du Dir vor, zwischen Deinen Schulterblättern gäbe es in Deinem Körper eine rote Kugel ... ... so groß etwa wie ein Tennisball ... ... Diese Kugel aus reiner Energie bringt Wärme und Entspannung in Deinen Körper ... ... Sie dreht sich ... ... sie rotiert um die eigene Achse ... ... und dabei gibt sie Wärme ab ... ... wohltuende Wärme ... ... sodass Deine Schulterblätter sich langsam entspannen ... ... Vielleicht spürst Du es schon ... ... Die Energiekugel der Entspannung rotiert zwischen Deinen Schulterblättern ... ... Und langsam dehnt sie sich aus und mit ihr ihre wohltuende Wirkung ... ... Die Kugel der angenehmen Energie und Wärme wird größer und größer und rotiert immer weiter zwischen Deinen Schulterblättern ... ... Sie wärmt Deine Schultern und strahlt diese Wärme bis in den Kopf hinein ... ... Die rotierende Energiekugel ist schon so groß geworden, dass sie Deine Schultergelenke erreicht ... ... Deine Schultergelenke entspannen sich durch ihre Drehung ... ... und durch die Wärme ... ... die angenehme Energie ... ... Deine Schultern entspannen sich immer tiefer und tiefer ... ...

... ... Die rotierende Kugel der Energie wird so groß, dass sie Deine Oberarme erreicht ... ... Und mit jeder einzelnen Umdrehung ... ... mit jeder Drehung der roten Energiekugel entspannen Deine Schultern und fühlen sich besser an ... ... angenehmer und wohler ... ... mit jeder Drehung etwas wohler ... ... Dein ganzer Rücken wird von der Wärme erfasst und von der Entspannung ... ... Dein ganzer Rücken wird angenehm warm und locker ... ... Die Muskeln lockern sich mit der Drehung der Energiekugel in Deinem Körper, zwischen Deinen Schultern ... ... Dein Nacken wird von der Kugel berührt und auch Dein Kopf ... ... Auch Dein Nacken spürt die Wärme und Entspannung ... ... diese angenehme und wohltuende Wärme ... ... Dein Nacken fühlt sich schon viel besser an ... ... Dein Kopf wird entlastet ... ... und ruht auf der Unterlage

… … Alles wird mit Wärme angefüllt … … Das ist wie ein ganz intensives Entspannungsbad mit einer gleichzeitigen Massage … … wohltuend und gut … …

… … Du stellst Dir diese rotierende Kugel vor … … Ihre Achse geht durch Deinen Körper und dieser große rote Ball dreht sich ständig wie ein Kreisel und gibt eine wohltuende und angenehme Wärme an Dich ab … … Und all die Gründe für Deine Anspannungen … … all das, was sich dort in Deinen Schultern abgelagert hatte, wird mitgenommen … … Mit jeder Drehung nimmt die Energiekugel etwas von Dir weg … … Sie dreht sich und nimmt den heutigen Tagesstress weg … … Sie dreht sich wieder und trägt alle ungelösten Probleme weg … … Sie dreht sich noch einmal und bringt alle Pläne und Überlegungen weg … … Sie dreht sich erneut und bringt alle Termine weg … … Noch einmal dreht sich die Kugel und bringt alle Pflichten und Aufgaben weg, die Du heute noch erledigen wolltest … … Mit jeder weiteren Drehung bringt die Kugel eine vergangene Belastung von Dir weg … … Und vielleicht fragst Du Dich ja, wo die Energiekugel all die abgelagerten und nun gelösten Blockaden und Belastungen hinbringt … … Nun, sie nimmt diese störenden Dinge tief in sich auf und schließt sie fest ein … … Und so dreht sich diese

Energiekugel weiter, um Deinen Körper noch mehr zur Ruhe kommen zu lassen … … um Deine Schultern und Deinen Nacken mit einer angenehmen Wärme zu versorgen … …

… … Dann ergreifst Du die Kugel mit beiden Händen und legst sie neben Dich … … Du legst die Energiekugel, die all Deine Belastungen und Belagerungen durch Stress und Sorgen enthält, direkt neben Dich … … So fühlst Du Dich frei und leicht … … viel leichter als vorher … … denn alles, was Dich belastet hat, ist ja nun in der Kugel … … Dein Nacken fühlt sich schon viel besser an … … und auch Deine Schultern … … Du spürst noch die Wärme und lässt sie immer intensiver werden … … Das geht über die Kraft Deiner Gedanken … … Du lässt die Wärme in Dir so intensiv werden wie es nur irgendwie geht … … um möglichst viel davon aufzunehmen … … Deine Muskeln entspannen sich weiter … … alles wird locker und leicht … … Und Du wirst sogar müde dabei … … müde, weil Du so entspannt bist … …

… … Und dann rollst Du die Kugel mit einem festen Stoß von Dir weg … … die rote Kugel mit all Deinen Problemen und Belastungen rollt von Dir weg … … Du befreist Dich von allem, was an Deinen Schultern und an Deinem Nacken gezerrt und gezogen hat ... ... Du fühlst Dich locker und leicht ... ... Du schaust der roten Kugel hinterher, die immer weiter weg rollt ... ... Die neue Energie und die Lockerheit bleiben bei Dir und die Belastungen rollen mit der Kugel weg ... ... Du spürst die Entspannung und die neue Kraft ... ... Du spürst die Entspannung und die neue Kraft ... ...

[Und langsam kommst Du wieder zurück. Deine Schultern und Dein Nacken bleiben in diesem entspannten Gefühl, wenn Du gleich wieder vollkommen wach bist. Du bewegst Dich, reckst Dich und streckst Dich und spürst dabei die Entspannung und das gute Gefühl. Wenn Du willst, öffnest Du die Augen und bist zurück.]

Grübeln

[Du fühlst Dich oft niedergeschlagen. Die Kraft fehlt Dir und Du kannst Dich nicht mehr aufraffen. Der Alltag wird häufig zur übergroßen Anstrengung. Du kennst diese Stimmung, die Du Dir meistens sogar nicht einmal richtig erklären kannst. Du willst eigentlich anders sein, doch es gelingt dann nicht. Dann beginnen die Gedanken zu kreisen. Immer und immer wieder denkst Du über die gleichen Themen nach und findest keine Lösung. Und wenn Du glaubst, eine Lösung erkennen zu können oder auf eine Veränderung hoffen zu können, wirst Du wieder enttäuscht. Deine Gedanken sind so oft schon zurückgekommen, wie ein lästiger Besucher. Du würdest die Gedanken gerne abschalten.]

Du machst es Dir also zunächst einmal bequem und schließt die Augen ... ... Du denkst vielleicht, dass Du nicht wirklich abschalten kannst ... ... Aber vielleicht ist ja beides möglich ... ... zur Ruhe kommen und weiter denken ... ... So wäre zumindest ein Schritt gelungen ... ... etwas in die Entspannung zu gelangen ... ... in eine ruhigere Haltung ... ... Du versuchst es also und atmest tief ein und langsam aus ... ... und noch einmal ... ... tief ein und langsam aus ... ... tief ein und langsam aus ... ... Und Schritt für Schritt kommst Du zur Ruhe ... ... Das kann auch anstrengend sein, denn vielleicht kamen bisher oft in der Ruhe die Gedanken, die dann immer im Kreis gehen ... ... Es sind störende Gedanken ... ... Du möchtest sie loswerden ... ... Es wäre schön, wenn Du sie einfach ausatmen könntest ... ... und dann ist Stille im Kopf ... ... ausatmen und Stille im Kopf ... ... Genau das kannst Du tun ... ... Vielleicht hast Du noch nicht darüber nachgedacht, doch Gedanken kannst Du ausatmen ... ... Du versuchst es einfach und atmest tief ein und aus ... ... und noch einmal ... ... ein und aus ... ... Du stellst Dir dabei vor, dass Du in Deinen Kopf hinein atmen kannst ... ... in Deine Gedanken hinein ... ...

... ... Du überlegst Dir, mit welchem Thema sich Deine Gedanken am meisten beschäftigen ... ... Das weißt Du gut, denn Du denkst ja ständig darüber nach ... ... Dieses Thema hat die Farbe blau ... ... Überall in Deinem Kopf gibt es kleine blaue Gedankenkugeln ... ... Sie tragen das Thema in sich ... ... Du atmest tief ein und spürst dabei, wie die Atemluft in Deinen Kopf strömt ... ... bis tief in Deine Gedanken ... ... Die strömende Atemluft nimmt alle blauen Gedankenkugeln

mit und Du atmest sie aus … … Du stellst es Dir
vor mit geschlossenen Augen … … so als könntest Du Dich nun in einem Spiegel betrachten …
… Du siehst wie Du ausatmest und lauter kleine
blaue Kugeln fließen wie Seifenblasen aus Deiner
Nase und fliegen durch den Raum … … Die störenden Gedanken verlassen Deinen Kopf … …
Du atmest sie aus … … Sie schweben als blaue
Seifenblasen durch den Raum … … und eine
nach der anderen zerplatzt und löst sich auf …
… Du machst es noch einmal … … Du atmest tief
ein und lässt die Atemluft ganz tief in Deinen
Kopf strömen … … zwischen Deinen Gedanken
hindurch und sie sammelt alle blauen Gedanken
ein … … Beim Ausatmen fließen die blauen Ge-
dankenkugel aus Deiner Nase nach draußen und
schweben wie Seifenblasen durch den Raum …
… und eine nach der anderen zerplatzt und löst
sich auf … … ein Gedanken nach dem anderen
löst sich auf … … So machst Du es immer und
immer wieder … … einatmen und ausatmen …
… und loslassen … … einatmen und ausatmen
… … und loslassen … … Mit jedem Atemzug
sammelst Du blaue Gedanken ein und atmest sie
aus … … Sie werden zu Seifenblasen, die zerplatzen … … Es wird stiller in Deinem Kopf …
… ruhiger und angenehmer … … mit jedem
Atemzug ein bisschen ruhiger und angenehmer
… …

… … Dann gibt es in Deinen Gedanken auch die Angst … … Du hast viele Befürchtungen … … auch die Angst, dass es Dir sobald nicht besser gehen wird … … Diese Angst trägt die Farbe grau … … Alle angstvollen Gedanken und Gefühle liegen als graue Kugeln in deinem Kopf … … in Deinen Gedanken … … Du machst es also genauso wie mit den blauen Kugeln, die immer noch von Deinem Atem weggebracht werden … … Du atmest tief ein und lässt die Atemluft in Deinen Kopf strömen … … in Deine Gedanken … … in Deine Gefühle … … Du sammelst alle grauen Kugeln der Angst ein … … Alle Ängste und Befürchtungen, die Du kennst oder die Du spüren kannst, sind in diesen grauen Kugeln enthalten … … Dein Atem sammelt sie ein und bringt sie mit dem Ausatmen nach draußen … … Du betrachtest Dich in Deiner inneren Vorstellung wieder wie in einem Spiegel … … so als könntest Du jetzt vor Dir stehen und Dir selbst zuschauen … … Du siehst, wie die grauen Kugeln aus Deiner Nase fließen und als graue, dicke Seifenblasen durch den Raum schweben … … Und eine nach der anderen zerplatzt und löst sich auf … … Ein Angstgedanke nach dem anderen zerplatzt und löst sich auf … … So befreist Du Dich … … So wird es leichter und ruhiger in Dir … … stiller in Deinem Kopf … … ruhig und angenehm … … ruhig und angenehm … … viel

leichter als vorher … … viel leichter als vorher …
… Alle grauen Angstgedanken zerplatzen wie
Seifenblasen … …

… … Dann gibt es noch das Gefühl, nicht gut
genug zu sein … … verbunden mit einem
schlechten Gewissen, das Du oft hast … …
manchmal spürst Du es deutlich … … manchmal
auch schleicht es sich unbemerkt in Deine Gefühle ein … … das schlechte Gewissen … … Und Du
weißt nicht einmal genau, warum es da ist … …
Es dreht sich und dreht sich und quält Dich so
oft … … Auch dieses schlechte Gewissen … …
verbunden mit dem Gefühl, nicht gut genug zu
sein … … kannst Du loslassen … … Wieder tust
Du es über die Atmung … … Das schlechte Gewissen trägt die Farbe braun … … Du machst es
also genauso wie mit den blauen und grauen
Kugeln, die immer noch von Deinem Atem weggebracht werden … … Du atmest tief ein und
lässt die Atemluft in Deinen Kopf strömen … …
in Deine Gedanken … … in Deine Gefühle … …
Du sammelst alle braunen Kugeln des schlechten
Gewissens ein … … Alle Gedanken und Gefühle
eines schlechten Gewissens, die Du kennst oder
die Du spüren kannst, sind in diesen braunen
Kugeln enthalten … … Dein Atem sammelt sie
ein und bringt sie mit dem Ausatmen nach draußen … … Du betrachtest Dich in deiner inneren

Vorstellung wieder wie in einem Spiegel ... ... so als könntest Du jetzt vor Dir stehen und Dir selbst zuschauen ... ... Du siehst, wie die braunen Kugeln aus Deiner Nase fließen und als braune, dicke Seifenblasen durch den Raum schweben ... ... Und eine nach der anderen zerplatzt und löst sich auf ... ... Ein Angstgedanke nach dem anderen zerplatzt und löst sich auf ... ... So befreist Du Dich ... ... So wird es leichter und ruhiger in Dir ... ... stiller in Deinem Kopf ... ... ruhig und angenehm ... ... ruhig und angenehm ... ... viel leichter als vorher ... ... viel leichter als vorher ... ... Alle braunen Gedanken zerplatzen wie Seifenblasen ... ...

... ... Als nächstes betrachten wir den Perfektionismus ... ... Vielleicht weißt Du ja, dass Du oft versuchst, perfekt zu sein ... ... gleichzeitig hast Du ja das Gefühl, immer zu wenig zu leisten ... ... Was Dich antreibt ... ... was Deine Gedanken immer kreisen lässt ... ... was Dir das Leben schwer macht, ist eben auch dieser Perfektionismus ... ... denn Du glaubst, immer alles besonders gut und besonders intensiv erfüllen zu müssen ... ... Auch deshalb spürst Du diese Niedergeschlagenheit ... ... auch deshalb hast Du schon so oft die gleichen Gedanken gehabt ... ... Der Perfektionismus hat die Farbe gelb ... ... Alle Gedanken an Perfektionismus liegen als kleine gelbe Kugeln in deinem Kopf … … in deinen Gefühlen … … Auch diese Kugeln kannst Du entsorgen … … Du brauchst sie nicht mehr … … Sie stören Dich nur … … Du machst es also genauso wie mit den blauen, mit den grauen und mit den braunen Kugeln, die immer noch von Deinem Atem weggebracht werden … … Du atmest tief ein und lässt die Atemluft in Deinen Kopf strömen … … in Deine Gedanken … … in Deine Gefühle … … Du sammelst alle gelben Kugeln des Perfektionismus ein … … Alle Gedanken und Gefühle, die Dir jemals gesagt haben, Du solltest besser sein oder perfekter, sind in diesen gelben Kugeln enthalten … … Dein Atem sammelt sie ein und bringt sie mit dem Ausatmen nach draußen … … Du betrachtest Dich in deiner inneren Vorstellung wieder wie in einem Spiegel … … so als könntest Du jetzt vor Dir stehen und Dir selbst zuschauen … … Du siehst, wie die gelben Kugeln aus Deiner Nase fließen und als gelbe Seifenblasen durch den Raum schweben … … Und eine nach der anderen zerplatzt und löst sich auf … … Ein Gedanke nach dem anderen zerplatzt und löst sich auf … … So befreist Du Dich … … So wird es leichter und ruhiger in Dir … … stiller in Deinem Kopf … … ruhig und angenehm … … ruhig und angenehm … … viel leichter als vorher … … viel leichter als vorher ... ... Alle gelben Gedanken zerplatzen wie Seifenblasen ... ...

... ... Und immer wieder atmest Du tief ein und sammelst alle störenden Gedanken ein ... ... heute und an jedem Tag in Deinem Leben ... ... heute und an jedem anderen Tag ... ... Die farbigen Kugeln sammelst Du ein ... ... Du nimmst sie mit Deinem Atem mit ... ... so einfach und leicht kann das sein ... ... Du sammelst die Kugeln noch einmal ein, um auch alle loszulassen ... ... Alle blauen Kugeln sammelst Du ein ... ... alle grauen Kugeln und alle braunen ... ... und auch die gelben Kugeln werden mitgenommen ... ... Und alle fließen wie Seifenblasen aus Deiner Nase ... ... Sie schweben durch den Raum und zerplatzen ... ... Und es wird leichter und ruhiger in Dir ... ... ruhig und angenehm ... ... Stille in deinem Kopf ... ... Stille in deinem Kopf ... ...

[Mit diesem Gefühl der Entspannung und der Reinigung kommst Du nun zurück. Du wirst wacher und aktiver. Du orientierst Dich wieder hier im Raum und Du möchtest Dich vielleicht wieder mehr bewegen. Und wenn der richtige Zeitpunkt gekommen ist, öffnest Du die Augen und bist zurück.]

Guter Schlaf

[Du kennst diese Schwierigkeiten mit dem Einschlafen. Du legst Dich hin, um Dich auszuruhen und hast den Wunsch, ganz tief zu schlafen. Doch dann gelingt es Dir nicht, und Du liegst wach. Manchmal vielleicht stundenlang. Möglicherweise gibt es auch Nächte, in denen Du überhaupt nicht schläfst. Oder das nächtliche Erwachen bereitet Dir diese unangenehmen Gefühle. Du würdest vielleicht gerne durchschlafen, es gelingt aber nicht. Und wenn Du dann wach daliegst, findest Du nicht mehr zurück in den Schlaf. Vielleicht hast Du auch ein etwas anders gelagertes Schlafproblem. Alle Menschen, die nicht richtig schlafen können, haben doch denselben Wunsch. In Ruhe schlafen.]

Du machst es Dir jetzt … … hier und heute … … ganz bequem und versuchst, Dich auszuruhen … … so wie im Schlaf … … Finde die beste Position und mach' es Dir so bequem, wie Du nur kannst … … Vielleicht hast Du noch etwas das Bedürfnis, Dich zu bewegen … … Dann lass' es einfach zu und komm' einfach dann zur Ruhe, wenn der richtige Zeitpunkt dafür gekommen ist … … Du kennst ja die Schwierigkeit der Ruhe … … Denn auch nachts, wenn Du schlafen möchtest, gelingt es nicht so, wie es gut für Dich wäre … …

… … Hier und heute ist es schon etwas leichter … … Du möchtest ja jetzt nicht schlafen … … Doch Ruhe möchtest Du finden … … Und vielleicht hast Du ja schon gemerkt, dass Du zumindest etwas ruhiger geworden bist … … einfach nur, weil Du es versuchst … … und weil Du nun gar nichts erledigen musst … … Nur auf Deine Entspannung kommt es jetzt an … …

… … Auch, wenn Du nicht schläfst, kannst Du in das Traumland der unzähligen Möglichkeiten gehen … … in das Land der Tagträume und Nachtträume … … dorthin, wo die Entspannung und auch der gute Schlaf auf Dich warten … … Stell' Dir einmal vor, es gäbe eine Treppe … … hinab in das Land der Träume … … Du könntest hinabsteigen und dann die schönsten Tagträume finden … … und auch die schönsten Nachtträume … … die Du sonst nur im Schlaf haben kannst … … Dann gehst Du diese Treppe der Entspannung hinab … … Sie führt in das tiefe Tal der schönen Träume … … Zehn Stufen sind es bis in die Tiefe … … Und sobald Du unten ankommst, spürst Du diese tiefe Entspannung, die Du Dir für Deine nächtlichen Träume auch

wünschst … … Du gehst die Treppe hinab … …
Und ich zähle die Stufen für Dich … …

Zehn … … Neun … … Acht … … Sieben … …
Sechs … … Fünf … … Vier … … Drei … … Zwei
… … Eins … …

… … Du bist angekommen und stehst im Traumland … … Vielleicht hast Du es schon bemerkt …
… Vielleicht ist es Dir aber noch gar nicht aufgefallen … … Du kannst nun Deine Tagträume
träumen und auch Deinen Weg zu dem Schlaf
der Nacht finden … …

… … Hier im Land der Träume kommt ein silberner Engel auf Dich zu … … Er begleitet Dich
durch das Traumland … … Du gehst unter dem
Regenbogen hindurch … … Immer weiter geht
Deine Reise … … weiter durch das Land der
Träume … … bis zu dem Schloss des tiefen
Schlafes … … Ein großes Schloss mit hohen Türen und Fenstern … … umgeben von großen und
alten Bäumen … … Der silberne Engel begleitet
Dich dorthin und geht mit Dir dort hinein … …

… … Du öffnest die schwere, dunkle Tür und
gehst hinein … … Du stehst in der riesigen Eingangshalle und alles ist still und leise hier … …
Eine breite Holztreppe führt hinauf … … Du
gehst nach oben, in die große Halle und weiter in

den Ballsaal ... ... Er ist völlig leer ... ... Und überall stehen leere Gläser und Teller ... ... Das Fest ist schon vorüber ... ... Alle sind schon zu Bett gegangen ... ...Alle schlafen bereits ... ... Und auch Du möchtest tiefer ausruhen und Deinen Schlaf finden ... ...

... ... Der silberne Engel zeigt Dir Dein Schlafgemach ... ... Er begleitet Dich zu dem Zimmer Deines guten Schlafes ... ... Du gehst hinein ... ... Es ist ein sehr großer Raum ... ... An der Wand steht ein großes, gemütliches Bett ... ... so bequem, dass es nicht mehr bequemer geht ... ... nur für Dich ... ... Du legst Dich hin und entspannst Dich ... ... Du versuchst zu schlafen und kommst nicht richtig rein in den Schlaf ... ... Du bist ganz alleine hier ... ... Nur der silberne Engel begleitet Dich und sitzt an Deinem Bett ... ... Du schließt die Augen und versuchst einzuschlafen ... ...

... ... Du spürst schon die Ruhe und die Entspannung und dennoch will es nicht richtig gelingen ... ... Vielleicht kreisen Deine Gedanken ... ... Vielleicht sind es auch Signale Deines Körpers, die Dich wach halten ... ... Vielleicht bist Du sogar sehr müde und dennoch ... ... will der Schlaf sich nicht so richtig einstellen ... ... Du öffnest die Augen und schaust Dich um ... ...

Und plötzlich bemerkst Du, dass Du nicht alleine bist in diesem Raum … … Außer dem silbernen Engel, der Dich begleitet, gibt es hier ganz viele Personen und ganz viele Dinge, die sich rund um Dein Bett versammelt haben … … In dieser einen Sekunde, in der Du Deine Augen zugemacht hast … … hat sich all das versammelt … …

… … Da stehen Menschen, die auf Dich einreden … … Sie fordern Dich zu etwas auf … … Sie stellen Dir Fragen … … Sie verlangen Deine Hilfe … … Sie stören Dich und dennoch hörst Du Ihnen immer wieder zu, wenn Du Deine Ruhe brauchst … … Dann gibt es die Aufgaben und Pflichten, die sich versammelt haben … … Und jede Aufgabe, die Du noch zu erledigen hast oder von der Du glaubst, dass Sie zu Deinen Pflichten gehört, steht da als Säule aus Stein … … Es sind viele Steinsäulen, die da stehen … … Du hast sie mitgebracht auf Deiner Reise … …

… … Wenn Du Dich hinlegst, um zu schlafen, kannst Du sie nicht immer sehen … … Manchmal weißt Du auch, dass sie da sind … … die Steinsäulen und die Menschen, die auf Dich einreden … … Dann glaubst Du, Du könntest sie alle abschütteln, einfach indem Du die Augen zu machst … … Du siehst hier und heute im Land der Träume, dass sie da sind, sobald Du die Augen schließt ... ... Zwischen den Personen und den Steinsäulen, die Dein Bett umringen, liegt ein dicker Nebel, durch den Du kaum hindurch sehen kannst ... ... Das sind Deine Gedanken ... ... Die Gedanken, die Du denkst, wenn Du dann wach liegst ... ... Du suchst mit Deinen Blicken den silbernen Engel und bittest ihn um Hilfe ... ... Er schaut Dich an und sagt: „Wie kann ich Dir helfen, wenn Du all die Menschen und Säulen und all diesen Nebel erschaffst?" ... ... Und Du erkennst in diesem Moment ... ... hier und heute ... ... dass Du tatsächlich selbst all die Dinge um Dich herum mitgebracht hast ... ...

... ... Dann schließt Du die Augen und wünschst Dir, dass alle Menschen verschwinden ... ... auch die Säulen und vor allem der Nebel Deiner Gedanken ... ... Denn Du möchtest ja einfach schlafen, ohne nachzudenken und ohne irgendetwas zu erfüllen ... ... Und schon wird es ruhiger in Dir ... ... Du spürst diese Entspannung ... ... Du spürst, dass Du alles wegschicken kannst ... ... einfach so ... ... weil Du es willst ... ...

... ... Du öffnest langsam die Augen und siehst, dass Du nun tatsächlich alleine bist ... ... Du genießt diese Ruhe ... ... Dann siehst Du, dass der Nebel langsam wieder zurück kommt ... ... ganz langsam nur ... ... und mit ihm die Steinsäulen und die Menschen, die nun wieder um Dein Bett herum stehen und Dich anschauen … … Sofort schließt Du wieder die Augen und Du verabschiedest Dich von allem, was jetzt noch bei Dir ist … … Du lässt alles los und spürst schon wieder, dass die Ruhe und Entspannung größer wird … … und dass Du nun einschlafen könntest … …

… … Du öffnest noch einmal langsam die Augen, um nachzusehen, ob es Dir gelungen ist, alles loszulassen … … Dich von allem zu verabschieden, was am Tage wichtig war und nun in den Hintergrund treten kann … … Vielleicht ist der Raum ja nun leer, und Du hast es bereits geschafft … … Dann ist das Einschlafen ganz leicht … … Vielleicht siehst Du auch schon wieder einen Teil der Anstrengungen … … einige Säulen … … vielleicht etwas Neben und möglicherweise auch einige Personen … … Wenn das so sein sollte, dann sind es schon weniger geworden … … Und es ist schon leiser geworden … … Die Menschen sehen Dich an, haben jedoch aufgehört zu sprechen, und auch der Nebel ist schon viel dünner, fast zart … …

… … Du spürst, dass es schon viel leichter ist, zu entspannen und in den Schlaf zu kommen … … Es fällt Dir schon viel leichter … … Wenn Du

willst, kannst Du alles jetzt noch einmal loslassen
… … oder jeden Tag immer wieder … … Auch in
Deiner wachen Wirklichkeit … … in Deinem
Alltag kannst Du alles Belastende … … alles, was
stört … … alles, was Dich wach hält … … immer
wieder wegschicken … … einfach, indem Du
Dich hinlegst um zu schlafen … … die Augen
schließt … … und loslässt … … Zuerst denkst
Du an die Menschen, die Dir nicht aus dem Kopf
gehen wollen … … Du sagst Ihnen „Auf Wieder-
sehen" und schickst sie fort … … Dann lässt Du
alle Aufgaben und Pflichten los … … all die
Steinsäulen … … Du löst sie auf und sie zerfallen
zu Staub … … Als letztes, kurz bevor Dein Schlaf
beginnt … … lässt Du Deine Gedanken los … …
Du schickst sie ins Traumland … … Mit den
Wolken des Traumlandes gehen sie auf die Reise
… … Und sofort schläfst Du ein … … ganz tief
… … und ganz fest … …

*[Dieser schöne Traum vom guten Schlaf
ist der Traum jeder Nacht. Hier und heute kommst Du nun zurück und wirst
wieder wach. Energie durchströmt Deine
Beine und Arme. Du spürst den Drang,
Dich zu bewegen. Du atmest tief ein und
öffnest die Augen.]*

Konzentration verbessern

*[Du hast dieses Problem, Deine Auf-
merksamkeit nicht richtig bündeln zu
können. Du kannst vielleicht nicht lange
zuhören, spürst diese Ungeduld oder
Langeweile und möchtest am liebsten
weglaufen. Vielleicht versuchst Du ganz
oft, einmal ein Buch zu lesen oder eine
Arbeit zu machen, die Konzentration erfordert. Dann schweifen Deine Gedanken
ab oder Du spürst diese Unruhe. Vielleicht tut Dir manchmal sogar der Kopf
weh, wenn Du Dich ganz fest zu konzentrieren versuchst.]*

Schließ' jetzt einfach einmal Deine Augen ... ...
So ist es leichter, zunächst einmal zu entspannen
... ... Das ist es ja, was Dir fehlt ... ... die Entspannung ... ... die Gelassenheit ... ... die Ruhe,
die Dich viel besser konzentrieren lässt ... ...
Konzentration klingt ja irgendwie nach Anstrengung, und anders kannst Du es Dir vielleicht gar
nicht vorstellen ... ... Eigentlich bedeutet Konzentration, dass sich alles um einen bestimmten
Mittelpunkt dreht ... ... Von Anstrengung ist da
gar nicht die Rede ... ... Wenn Du jetzt zum Beispiel in Deine Mitte atmest, also ganz tief in Dich
hinein und Dir den Mittelpunkt Deines Körpers

dabei vorstellst, dann ist das auch eine Konzentration ... ... Denn Dein Blick und auch Deine Atmung richten sich nach innen ... ... Sie gehen zu Deiner Mitte hin ... ... Gleichzeitig ist das ganz leicht und sogar angenehm ... ... Sicherlich hast Du schon bemerkt, dass Du etwas zur Ruhe gekommen bist, sobald Du die Augen geschlossen hast ... ... Und wenn Du jetzt in Ruhe weiter ein- und ausatmest, dann spürst Du auch immer mehr diese Entspannung ... ... Und je größer Deine Entspannung wird, umso mehr kommst Du in Deine Mitte ... ... umso mehr bewegen sich all Deine Gedanken und Gefühle um Deine eigene Mitte herum ... ... Das ist Konzentration und Ruhe zugleich ... ... So einfach kann das sein ... ... Hier ist es einfach, denn es ist anders als Du dachtest ... ... Und vielleicht denkst Du ja schon darüber nach, ob das auch dann gelingen kann, wenn Du eine konzentrierte Arbeit zu erledigen hast ... ...

... ... Zunächst einmal entspannst Du noch tiefer, um besser in dieses Gefühl der eigenen Mitte und der Ruhe hinein zu kommen ... ... Du stellst Dir eine Blume vor und schaust einfach direkt auf sie drauf ... ... Nur auf diese Blume ... ... Wähle eine Farbe und starre vor Deinem inneren Auge diese Blume an ... ... Und indem Du auf sie starrst, gehst Du tiefer in Deine Mitte und

immer tiefer in diesen tiefen Entspannungszu-
stand ... ... Du stellst Dir einfach diese Blume
vor ... ... in Deiner Farbe ... ... Und schon gehst
Du tiefer in diese Entspannung ... ... Zehn Stufen der Entspannung gehst Du dabei hinab ... ...
Und Du denkst an diese Blume ... ... zehn ... ...
neun ... ... acht ... ... sieben ... ... Du kommst
tiefer in diese Entspannung und denkst immer
noch an diese Blume, die Dich ruhiger werden
lässt ... ... sechs ... ... fünf ... ... vier ... ... drei
... ... zwei ... ... eins ... ... Ich frage mich, ob Du
wohl bemerkst hast, dass Du Dich nun auch sehr
stark konzentriert hast, als Du Dir diese Blume
vorgestellt hast ... ... Und gleichzeitig bist Du in
diese schöne Ruhe gegangen ... ... gleichzeitig ist
diese angenehme Trance entstanden, die Du jetzt
spürst ... ... Und auch, wenn Du Dich jetzt noch
ziemlich wach fühlen solltest, so bist Du doch
entspannter als vorher ... ... obwohl Du Dich
nun konzentrieren musstest ... ... Vielleicht hast
Du auch das gar nicht als Konzentration wahr-
genommen ... ...

... ... Jetzt gehst Du zu Deinem Lieblingsplatz ...
... zu dem Platz, an dem Du Dich am liebsten
aufhältst ... ... vielleicht irgendwo draußen in
der Natur ... ... oder in Deinem Garten ... ...
vielleicht auch in einem schönen bequemen Ses-
sel ... ... Wähle einfach einen Platz, an dem Du

gerne bist und an dem Du eine Konzentrations-
übung machen könntest ... ... Mach' es Dir nun
zuerst einmal ganz bequem an dem Platz, an
dem Du nun bist ... ... Und dann stell' Dir etwas
vor, dass Deine Konzentration erfordert ... ...
vielleicht das Lesen eines Buches ... ... Oder Du
beschäftigst Dich mit einem Puzzle ... ... Vielleicht bist Du musikalisch begabt und möchtest
ein Instrument spielen oder etwas singen ... ...
Oder Du schreibst ein kleines Gedicht ... ... Oder
Du machst etwas ganz anderes ... ... etwas, das
Deine Konzentration so stark erfordert, dass es
Dir bisher nicht gut gelungen war ... ... Heute
gelingt es Dir viel besser, in dieser Entspannung
... ...

... ... Du fängst an mit Deiner Tätigkeit ... ... mit
dem Lesen ... ... oder mit dem Puzzle ... ... mit
der Musik oder was immer Du gewählt hast ...
... Dann gelingt es Dir jetzt viel besser, weil Du
diese Ruhe spürst, und gleichzeitig merkst Du,
dass es nicht so ganz gelingen will ... ... Irgendetwas lenkt Dich ab, erfordert Deine Aufmerksamkeit ... ... Das ist es ja, was so schwierig ist
bei der Konzentration ... ... Deine Aufmerksamkeit müsstest Du ganz auf eine Sache richten,
und das gelingt Dir nicht immer so leicht ... ...
Was ist es, das Deine Aufmerksamkeit nun erfordert, obwohl Du Dir Zeit nehmen wolltest, um

nun zu lesen oder etwas anderes für Dich zu tun? ... ... Dann schaust Du Dich um und Du siehst, was Dich stört ... ... Um Dich herum siehst Du all das, was Deine Aufmerksamkeit bindet und Deine Konzentration blockiert ... ... Die vielen Sachen um die Du Dich kümmerst, lenken Dich ab und ermüden Dich schnell ... ... viel zu schnell ... ... Da gibt es Menschen, denen Du Dich verpflichtet fühlst ... ... Personen, für die Du etwas erledigen möchtest, denen Du Gutes tust, weil Du Dich verantwortlich fühlst oder einfach, weil Du es schon immer so getan hast ... ... Vielleicht gibt es da auch Personen, die Dir beigebracht haben, dass Du Deine Aufmerksamkeit teilen musst und Dich damit eben nicht konzentrieren darfst ... ... Und dann sind da Erinnerungen an Erlebnisse, die Dich sehr geprägt haben ... ... Ereignisse, die Du nicht vergessen kannst, an denen Du festhältst ... ... Auch die binden Deine Aufmerksamkeit ... ... Sie beschäftigen Dich immer noch und verlangen Dir viel Kraft ab ... ... Außerdem gibt es viele Gefühle in Dir und um Dich herum ... ... Und alle Deine Gefühle erfordern schon wieder Kraft und beanspruchen Deine Gedanken, sei es, weil Du über sie nachdenkst oder weil Du mit viel Anstrengung versuchst, sie zu verstecken oder zu verdrängen ... ... vielleicht sogar ohne dass Du es merkst ... ... Und all die Pflichten und all die unerledigten Dinge stehen als kleine, giftige Zwerge um Dich herum und ziehen und zerren an Dir … … Wie solltest Du Dich so konzentrieren können, wenn diese kleinen Wichte so an Dir zerren … … so stark nach Dir rufen und Dir ein schlechtes Gewissen machen? … …

… … Vor Dir auf dem Boden liegen vier silberne Kugeln … … Du nimmst sie in die Hände und schaust sie an … … Es sind die magischen Kugeln der inneren Ruhe … … Du kannst sie benutzen, um zu Deiner Konzentration zurück zu finden … … um all die störenden und ablenkenden Dinge zu entsorgen … … In jede Kugel kannst Du etwas hinein legen und dann kannst Du sie wegrollen lassen … … Du lässt sie einfach den Berg hinunter rollen und alles, was darin ist, verschwindet bis Du es wieder zurückholen möchtest … … Erst dann kommt der Inhalt der silbernen Kugeln zurück … …

… … In die erste Kugel legst Du alle Erinnerungen an die belastenden Ereignisse, die Deine Konzentration stören … … Du siehst diese Ereignisse jetzt neben Dir … … Und auch, wenn Du sie nicht genau erkennen kannst, so legt sie Dein Unterbewusstsein für Dich in diese silberne Kugel … … Und dann lässt Du die Kugel los und sie rollt den Berg hinab … … weit weg … …

... ... In die zweite Kugel stopfst Du alle Gefühle, die Dich in Deiner Konzentration stören könnten ... ... Du verbannst sie in eine silberne Kugel und lässt die Kugel jetzt los ... ... In die dritte Kugel stopfst Du alle Pflichten, die als Zwerge neben Dir stehen ... ... Du verbannst auch die Zwerge in eine silberne Kugel der inneren Ruhe und lässt diese Kugel los ... ... Auch sie rollt in die Tiefe und verschwindet ... ... In die letzte Kugel verbannst Du nun ... ... hier und heute zur Steigerung Deiner Konzentration ... ... die Personen, die Dich belasten und in Deiner Konzentration und Aufmerksamkeit stören könnten ... ... Du verbannst sie nicht aus Deinem Leben ... ... Doch Du verbannst diese Wirkung, die sie ausüben ... ... Du stopfst diese Ablenkung, die von ihnen ausgeht, ob sie es nun absichtlich tun oder gar nichts davon wissen, in eine silberne Kugel und verabschiedest Dich auch von ihr ... ... Dann spürst Du, dass Du schon freier wirst und gleichzeitig spürst Du diese Kraft, die aus Dir heraus kommt ... ... Du beginnst wieder zu lesen ... ... Du arbeitest an Deinem Puzzle oder tust, was Du Dir ausgesucht hast ... ... Und es fällt Dir nun viel leichter als vorher ... ... Du kannst Dich besser konzentrieren, denn das Störende hast Du nun beseitigt ... ... Vielleicht gelingt es Dir jetzt auch noch nicht so ganz ... ... vielleicht ist es ja noch nicht so, wie Du es gerne erleben möchtest

… … Dann sieh' Dich noch einmal um … … Vielleicht haben wir etwas vergessen … … Möglicherweise gibt es da noch etwas ganz Persönliches … … etwas, das ganz besonders Deine Aufmerksamkeit beansprucht und viel mehr blockiert als das, was Du bisher verbannt hast in den silbernen Kugeln der inneren Freiheit … … Dann tu' auch das in eine silberne Kugel … … in Deine ganz persönliche und besondere magische Kugel und lass' es los … … Und schon wird es leichter und angenehmer … … Und immer, wenn Du Deine Konzentration besonders brauchst … … schickst Du alles Störende in silbernen Kugeln auf die Reise und lässt es los … … Immer dann spürst Du diese Freiheit … … so wie jetzt … … Und Deine Konzentration wird stärker und stärker … … Und jeden Tag kannst Du das noch einmal tun … … einfach, indem Du die Augen kurz schließt und diese Kugeln siehst … … Dann füllst Du sie mit allem Störenden und lässt sie los … …

[Und das Leben kommt zurück in Deine Beine und Deinen Körper. Du atmest tief ein und spürst immer noch diese Freiheit und Leichtigkeit. Du bewegst die Arme und Beine und Du wirst nun wieder wach. Du öffnest die Augen und bist wach!]

Kraft schöpfen

[Du hast eine anstrengende Zeit hinter Dir. Vielleicht auch, ohne es selbst zu bemerken. Denn eigentlich haben wir immer Belastungen zu tragen und die tägliche Arbeit und das Leben erfordern Kraft. Das gilt auch dann, wenn alles routiniert oder reibungslos läuft. Selbst dann benötigen wir Kraft, um alles zu erledigen oder am Laufen zu halten. Deshalb ist es notwendig, einerseits mit unseren Kräften sorgsam umzugehen, andererseits immer wieder Kraft neu zu entwickeln. Frische Kraft zu tanken. Du möchtest heute einmal Kraft auftanken, um neue und frische Energie zu gewinnen.]

Dann schließe einfach deine Augen und such' Dir eine bequeme Position ... ... so bequem, dass Du jetzt auf keinen Fall Kraft verbrauchst ... ... dass Du Dich nicht anstrengen musst ... ... Denn zumindest das Auftanken neuer Kraft und frischer Energie sollte ohne Anstrengung verlaufen ... ... gemütlich und wie von selbst ... ... Du lässt also alle Bemühungen los ... ... Und in der Stille Deiner Fantasie machst Du eine kleine ruhige Reise ... ... Du entfernst Dich Schritt für Schritt von Deinem Körper ... ... so als könntest Du wie ein Geist durch die Lüfte schweben und Dein Körper wartet hier auf Dich ... ... mit geschlossenen Augen ist diese Vorstellung ganz einfach ... ... Fantasie und Realität liegen ganz dicht beieinander ... ... Und so wird Deine Fantasie vom Fliegen Wahrheit ... ... Wie ein Geist bewegst Du Dich aus Deinem Körper ... ... schwebst über Deinem Körper und wirst leicht ... ... ganz leicht ... ... Und dann verlässt Du diesen Raum ... ... Du schwebst durch die Wand nach draußen und bist frei ... ... So leicht warst Du noch nie ... ... leichter als eine Feder ... ... Es zieht Dich immer höher und höher ... ... bis Du über der Stadt schwebst ... ... frei wie ein Vogel ... ... frei wie der Wind ... ... Du machst diese Reise um ganz viel Energie aufzutanken ... ... Kraft und Mut ... ... Wille und Stärke ... ... Frische und Vitalität ... ...

... ... Du fliegst als Geist über die Erde ... ... in rasantem Tempo bist Du unterwegs ... ... Du fliegst über Wälder ... ... Dabei nimmst Du den Sauerstoff der Natur auf und den frischen Duft der Bäume ... ... Du lässt die Kraft der uralten Bäume in Dir wirken ... ... Du fliegst über ein riesiges Gebirge ... ... weit über den schneebedeckten Gipfeln der Berge ... ... Die Weisheit und die Macht des alten Gesteins nimmst Du ganz tief in Dir auf, während Du über Berge hinweg fliegst … … Und weiter geht Deine Reise … … Sie führt Dich zu einem Wüstenland … … Du fliegst darüber hinweg und nimmst die Hitze des Sandes in Dir auf … … Du spürst den Sand im Wind … … Er kitzelt an Deinem Körper … … Viele tausend Jahre lang hat die Wüste die Kraft der Sonne aufgenommen und gibt sie nun an Dich ab … … Du tankst diese Kraft der Sonne … … Deine Reise geht in schnellem Tempo weiter bis über einen Vulkan … … Als Geist schwebst Du über dem Krater und tauchst darin ab … … Du fliegst ganz tief in den Vulkankrater hinein … … seit Urzeiten liegt die Lava hier im Innern der Erde verborgen … … heiß und voller Energie … … eine unbändige Kraft der Erde … … Und Du tauchst tief hinein in die Lava … … dabei nimmst Du diese glutrote Energie der Erde tief in Dir auf … … Und wieder fliegst Du weiter … … Mit der Lava und der Asche zusammen schießt Du aus dem Vulkankrater in die Luft und atmest tief ein … … Du wirst stärker und stärker … …

… … Als Geist fliegst Du weiter über den Ozean … … Ganz dicht über der Oberfläche fliegst Du in rasantem Tempo über die Meere … … Du kannst das Salz auf deiner Haut spüren … … Dann tauchst Du tief in das Wasser hinein … … bis zum Meeresgrund, um die Kraft des Ozeans aufzunehmen ... ... Schnell wie ein Fisch schwimmst Du unter Wasser ... ... Hundert Delfine begleiten Deinen Weg ... ... Du fühlst Dich genauso wohl wie sie ... ... frisch und vital ... ... voller Kraft und Energie ... ... Du nimmst die Kraft des Meeres in Dir auf ... ... Zwei riesige Wale kreuzen deinen Weg ... ... stolz und mächtig schwimmen sie an Dir vorbei ... ... Und Du änderst die Richtung ... ... Du begleitest sie ... ... willst genauso sein wie sie ... ... groß und mächtig ... ... Also schwimmst Du mit ihnen gemeinsam durch die Meere ... ... Scheinbar schwerelos und federleicht bewegen sich diese mächtigen Tiere hier im Wasser ... ... Doch Du bist noch viel leichter und entspannter ... ... Dann tauchst Du ganz tief in einen Ozeangraben hinab ... ... Es wird immer dunkler und dunkler ... ... So tief unten war noch kein Mensch ... ... Du erkundest Neuland hier unten in der Tiefe ... ... ganz unten am Boden des Ozeans ... ... an der tiefsten Stelle des riesigen Ozeans ... ... Du siehst unglaubliche Tiere und Wesen, die Du nicht beschreiben kannst ... ... Vieles hier hast Du noch nie gesehen und manches hast Du auch nicht für möglich gehalten ... ... eine richtige bunte Welt voller wundervoller Farben und Gestalten wartet hier am Grunde des Meeres auf Dich ... ... Diese ursprüngliche Kraft der Natur wartet hier auf Dich ... ... Deine tiefe Kraft ... ... Deine Geheimnisse

… … Deine Seele wartet hier auf Dich … … Du ruhst Dich hier etwas aus … … ganz tief unten … … am Grunde des Ozeans begibst Du Dich zur Ruhe … … Du kannst den seltsamen Wesen zusehen, die hier vorbei schwimmen … … Manche leuchten … … andere bewegen sich schnell und wirbeln hin und her … … wieder andere gleiten langsam und ruhig dahin … … Noch nie war ein Mensch so tief unter der Oberfläche … … Doch Du bist nun hier und kannst es genießen … … und in Ruhe neue Kraft schöpfen … … Kräfte gibt es hier unten genug … … Nimm sie einfach mit … …

… … Dann geht Deine Reise weiter … … Du tauchst wieder auf … … Du schwimmst ganz nach oben an die Wasseroberfläche und schwebst wieder über dem Wasser … … Und der letzte Teil Deiner Reise führt Dich hoch in die Luft … … Du fliegst so weit nach oben, dass Du unter Dir die Erde nicht mehr sehen kannst … … Du bist weit über den Wolken … … Hier oben ist es schön warm … … Du bist der Sonne so nah … … Du atmest diese frische und reine Luft ein und aus … … ein und aus … … Und Du nimmst die Kraft des Windes in Dir auf … … dieses frischen und unverbrauchten Windes hier oben … … Du fühlst Dich federleicht hier oben und einfach wohl … … Du springst in die Wolken hinein …

... legst Dich auf die Wolken wie auf ein weiches Kissen und lässt Dich vom Wind treiben ... ... Du lässt die Gedanken baumeln und schläfst ein ... ... Du träumst einen schönen Traum davon, jeden Tag eine so schnelle und erholsame Reise rund um die Erde zu machen ... ... das Land ... ... das Wasser ... ... und die Luft zu besuchen ... ... und dort alle ursprünglichen Kräfte der Natur aufzunehmen ... ... Deine Kraft zu erneuern ... ...an jedem Tag in deinem Leben ... ... Du treibst in den Wolken und kommst zur Ruhe ... ... Du schläfst und speicherst dabei die Kraft tief in Dir ... ... ganz tief in Dir ... ...

[Angefüllt mit neuer Energie und Kraft kommst Du nun von deinem Ausflug zurück. Du kommst zurück in diesen Raum und in Deinen Körper. Du spürst die Kraft, die Du gewonnen hast und bringst sie mit, wenn Du gleich wieder wach wirst. Du bewegst Dich und spürst, wie Du wach wirst. Du streckst Dich und öffnest die Augen.]

Schlusswort

Nachdem Sie die Trancegeschichten gelesen haben, sind sicherlich schon Ideen entstanden, zu welchem Anlass und in welcher Form Sie die eine oder andere Geschichte einmal vorlesen können. Das geht mit allen Geschichten auch ohne speziellen Anlass, einfach so zur Entspannung. Die angesprochenen Themen spielen bei allen Menschen eine Rolle und können keinesfalls Schaden anrichten. Wenn Sie nun überlegen, eigene Geschichten zu schreiben oder auch frei zu formulieren, dann möchte ich Sie ausdrücklich dazu ermuntern. Es steht keine Geheimwissenschaft dahinter und falsch machen können Sie kaum etwas. Wenn Sie verständnisvoll und liebevoll formulieren, gelingt Ihnen auch das Schreiben einer guten Trancegeschichte. Sie werden sehen, wie leicht das ist und wie wirksam und vor allem hilfreich Ihre eigenen Geschichten sein werden.

Der Autor

Ingo Michael Simon studierte Psychologie und Pädagogik und ist Hypnosetherapeut mit Praxistätigkeiten in Südwestdeutschland und in der Schweiz. Mit Hilfe hypnosegestützter Psychotherapie behandelt er vor allem Menschen mit anhaltenden psychischen Leiden. Angststörungen aller Art und psychosomatische Erkrankungen bilden den Schwerpunkt seiner Praxistätigkeit. Zu seinen therapeutischen Angeboten gehören hauptsächlich klassische und moderne Hypnoseanwendungen, Rückführungen und Reinkarnationstherapie sowie Therapie auf der Zauberwiese.

Ausbildungskurse

Ingo Michael Simon bietet regelmäßig Ausbildungskurse zu verschiedenen Therapieformen und Themen an. Aktuelle Informationen und Termine finden Sie auf seiner Homepage *www.praxissimon.de.*

Buchreihe: Hypnose und Trancetherapie

Simon, I. M.: Hypnosepraxis. Ein Leitfaden der Trancearbeit;
Norderstedt: Books on Demand 2009. ISBN: 978-3-8370-7629-5

Simon, I. M.: Reframing in Trance. Perspektiven mit Hypnose ändern, Norderstedt: Books on Demand 2009
ISBN: 978-3-8370-7639-4

Simon, I. M.: Rückführungen. Leitfaden der Reinkarnationstherapie, Norderstedt: Books on Demand 2009
ISBN: 978-3-8370-7642-4

Simon, I. M.: Selbsthypnose. Therapie ohne Therapeut
Norderstedt: Books on Demand 2010
ISBN: 978-3-8370-9068-0

Simon, I. M.: Gruppenhypnose. Eine Anleitung für die
Praxis; Norderstedt: Books on Demand 2010
ISBN: 978-3-8370-9635-4

Hypnosebücher und Trancegeschichten

Simon, I. M.: Grundkurs Hypnose. Norderstedt: Books on
Demand 2009. ISBN: 978-3-8391-0170-4

Simon, I. M.: Wellen am Horizont. Trancegeschichten
Norderstedt: Books on Demand 2009.
ISBN: 978-3-8391-1394-3

Simon, I. M.: Zehn Hypnosen. Band 1 - Raucherentwöh-
nung. Suggestionstexte für Hypnotiseure. Norderstedt:
Books on Demand 2009. ISBN: 978-3-8391-1838-2

Simon, I. M.: Suggestionen richtig formulieren. 10 Minimax-
Techniken für Hypnotiseure. Norderstedt: Books on Demand
2009. ISBN: 978-3-8370-9519-7

Heilpraktikerbücher

Simon, I. M.: Heilpraktiker für Psychotherapie. Prüfungs-
wissen. Zur Vorbereitung auf die Amtsarztprüfung. Norderstedt: Books on Demand 2007. ISBN: 978-3-8334-9867-1

Simon, I. M.: Heilpraktiker für Psychotherapie. Die mündliche Prüfung. Norderstedt: Books on Demand 2008
ISBN: 978-3-8334-9868-8

Simon, I. M.: Heilpraktiker für Psychotherapie. Die schriftli-
che Prüfung. Mit kommentierten Amtsarztfragen. Norderstedt: Books on Demand 2007. ISBN: 978-3-8370-0347-5

Simon, I. M.: Heilpraktiker für Psychotherapie. 20 Fallbei-
spiele. Diagnosetraining für die mündliche Prüfung. Norderstedt: Books on Demand 2008. ISBN: 978-3-8370-1090-0

Simon, I. M.: Endlich Heilpraktiker. Die häufigsten Irrtümer
in der Psychotherapieprüfung. Norderstedt: Books on
Demand 2007. ISBN: 978-3-8370-0329-1

Simon, I. M.: Übungsaufgaben Psychotherapie. Zur Vorbereitung auf den kleinen Heilpraktiker. Norderstedt:
Books on Demand 2007. ISBN: 978-3-8370-0683-4

Simon, I. M.: Crashtest Psychotherapie. Zur Vorbereitung
auf den kleinen Heilpraktiker. Norderstedt: Books on
Demand 2007. ISBN: 978-3-8370-0709-1

Simon, I. M.: Spezialtest Psychotherapie. Für kleine und
große Heilpraktiker. Norderstedt: Books on Demand 2008
ISBN: 978-3-8370-5838-3

Simon, I. M.: Heilpraktikerprüfung Psychotherapie.
200 kommentierte Aufgaben. Norderstedt: Books on
Demand 2008. ISBN: 978-3-8370-6017-1

Simon, I. M.: Diagnosetraining Psychotherapie. Ein Arbeits-
und Nachschlagebuch. Norderstedt: Books on Demand
2008. ISBN: 978-3-8370-4281-8

Simon, I. M.: Psychotherapie. Der Fragenkatalog. Fachwis-
sen Heilkunde. Norderstedt: Books on Demand 2009
ISBN: 978-3-8370-5396-8

Simon, I. M.: Crashkurs Psychotherapie. Ein Kurzlehrbuch.
Norderstedt: Books on Demand 2009
ISBN: 978-3-8370-6870-2

Heimstudium HPP in Buchform

Simon, I. M.: Heimstudium Heilpraktiker Psychotherapie.
Teil I. Norderstedt: Books on Demand 2009
ISBN: 978-3-8370-7656-1

Simon, I. M.: Heimstudium Heilpraktiker Psychotherapie.
Teil II. Norderstedt: Books on Demand 2009
ISBN: 978-3-8370-7657-8

Simon, I. M.: Heimstudium Heilpraktiker Psychotherapie.
Teil III. Norderstedt: Books on Demand 2009
ISBN: 978-3-8370-7663-9